Produção de Texto
Ensino Fundamental

4

Rosemeire Aparecida Alves

Professora graduada em Letras pela Universidade Estadual de Londrina (UEL-PR).
Pós-graduada em Língua Portuguesa pela Universidade Estadual de Londrina (UEL-PR).
Atuou como professora das redes pública e particular de ensino.

COLABORADORES

Daisy Silva Rosa Asmuz:
Assessora pedagógica e editora de livros didáticos
de Educação Infantil e Ensino Fundamental I.

Maria Regina de Campos:
Assessora pedagógica e editora de livros didáticos
de Educação Infantil e Ensino Fundamental I.

Tiago Henrique Buranello:
Professor de Produção de texto de Ensino Fundamental e Médio.

Copyright © Rosemeire Aparecida Alves, 2017

Diretor editorial	Lauri Cericato
Gerente editorial	Silvana Rossi Julio
Editora	Natalia Taccetti
Gerente de produção editorial	Mariana Milani
Coordenador de produção editorial	Marcelo Henrique Ferreira Fontes
Gerente de arte	Ricardo Borges
Coordenadora de arte	Daniela Máximo
Supervisora de iconografia e licenciamento de textos	Elaine Bueno
Diretor de operações e produção gráfica	Reginaldo Soares Damasceno
Projeto e produção editorial	Scriba Soluções Editoriais
Editora executiva	Roberta Caparelli
Edição	Alessandra Avanso, Mariana Diamante e Denise Andrade
Assistência editorial	Giovanna Hailer, Verônica Rosa e Ieda Rodrigues
Redação	Luciane Vilain
Leitura crítica e assessoria pedagógica	Daisy Asmuz, Maria Regina de Campos e Tiago Buranello
Revisão	Ana Lúcia Pereira
Coordenação de produção	Daiana Melo
Projeto gráfico	Marcela Pialarissi
Capa	Sergio Cândido
Imagem de capa	Gouraud Studio/Shutterstock.com.br
Edição de ilustrações	Ana Elisa Carneiro
Diagramação	Luiz Roberto Correa (Beto)
Tratamento de imagens	José Vitor Elorza Costa e Luigi Cavalcante
Autorização de recursos	Erick Almeida
Pesquisa iconográfica	André S. Rodrigues
Editoração eletrônica	Renan Fonseca

Dados Internacionais de Catalogação na Publicação (CIP)
(Câmara Brasileira do Livro, SP, Brasil)

Alves, Rosemeire Aparecida
  Produção de texto : ensino fundamental 4º ano / Rosemeire Aparecida Alves. -- 1. ed. -- São Paulo : FTD, 2017.

  ISBN: 978-85-96-01159-4 (aluno)
  ISBN: 978-85-96-01160-0 (professor)

  1. Português (Ensino fundamental) I. Título.

17-06615   CDD-372.6

Índices para catálogo sistemático:
1. Português : Ensino fundamental 372.6

1 2 3 4 5 6 7 8 9

Envidamos nossos melhores esforços para localizar e indicar adequadamente os créditos dos textos e imagens presentes nesta obra didática. No entanto, colocamo-nos à disposição para avaliação de eventuais irregularidades ou omissões de crédito e consequente correção nas próximas edições. As imagens e os textos constantes nesta obra que, eventualmente, reproduzam algum tipo de material de publicidade ou propaganda, ou a ele façam alusão, são aplicados para fins didáticos e não representam recomendação ou incentivo ao consumo.

Reprodução proibida: Art. 184 do Código Penal e Lei 9.610 de 19 de fevereiro de 1998.
Todos os direitos reservados à **EDITORA FTD**.

Rua Rui Barbosa, 156 – Bela Vista – São Paulo – SP
CEP 01326-010 – Tel. 0800 772 2300
Caixa Postal 65149 – CEP da Caixa Postal 01390-970
www.ftd.com.br
central.relacionamento@ftd.com.br

A - 866.723/24

Produção gráfica

Avenida Antônio Bardella, 300 - 07220-020 GUARULHOS (SP)
Fone: (11) 3545-8600 e Fax: (11) 2412-5375

SEJA BEM-VINDO!

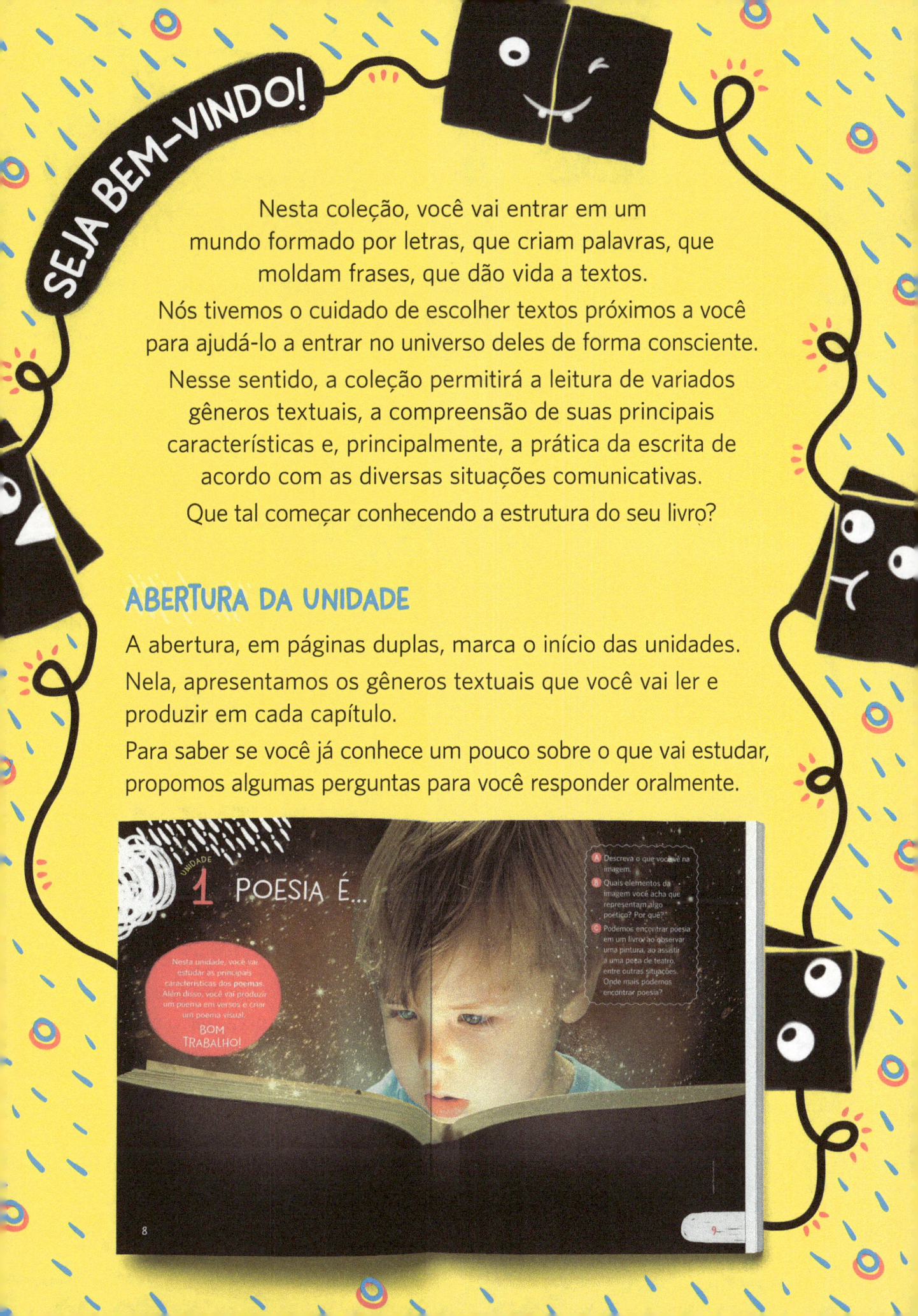

Nesta coleção, você vai entrar em um mundo formado por letras, que criam palavras, que moldam frases, que dão vida a textos.

Nós tivemos o cuidado de escolher textos próximos a você para ajudá-lo a entrar no universo deles de forma consciente.

Nesse sentido, a coleção permitirá a leitura de variados gêneros textuais, a compreensão de suas principais características e, principalmente, a prática da escrita de acordo com as diversas situações comunicativas.

Que tal começar conhecendo a estrutura do seu livro?

ABERTURA DA UNIDADE

A abertura, em páginas duplas, marca o início das unidades.

Nela, apresentamos os gêneros textuais que você vai ler e produzir em cada capítulo.

Para saber se você já conhece um pouco sobre o que vai estudar, propomos algumas perguntas para você responder oralmente.

LENDO

Esta seção apresenta um exemplar do gênero textual que você vai estudar no capítulo.

COMPREENDENDO O TEXTO

Nesta seção, há questões que vão mostrar se realmente você entendeu o texto lido.

ESTUDANDO O GÊNERO

Nesta seção, você vai conhecer algumas características do gênero do texto apresentado na seção **Lendo**.

PRODUÇÃO

Nesta seção você vai produzir um texto do mesmo gênero textual estudado na seção **Lendo**. Para ajudá-lo, ela está dividida em três etapas.

DICA

Neste boxe, você vai encontrar dicas sobre algum assunto que estiver estudando.

PLANEJANDO

Etapa de orientações para planejar o texto.

PRODUZINDO

Etapa da criação do texto.

AVALIANDO

Etapa em que você verifica se todas as orientações foram seguidas.

MÃOS À OBRA!

A seção **Mãos à obra!** aparece ao final de cada unidade.

Trata-se de projetos em que toda a turma vai socializar as suas produções de muitas formas, como em uma exposição, em um sarau ou em formato de um livro.

Este boxe traz alguns conceitos importantes estudados durante o capítulo.

CURIOSIDADE

Este é o boxe das curiosidades e das informações complementares. Ele estará presente sempre que algum assunto ou texto permitir a apresentação de algo novo, curioso.

PARA CONHECER MAIS

Este boxe apresenta algumas dicas de livros, *sites* e filmes relacionados aos gêneros ou aos temas trabalhados nas unidades.

ATITUDE CIDADÃ

Este boxe traz informações que vão ajudá-lo a refletir e a discutir sobre alguns assuntos, contribuindo para a sua formação de cidadão.

SUMÁRIO

UNIDADE 1

POESIA É... 8

CAPÍTULO 1
A arte de rimar 10
LENDO Sono pesado •
Cláudio Thebas 10
COMPREENDENDO o texto 12
ESTUDANDO o poema 13
PRODUÇÃO Criando um
poema 20

CAPÍTULO 2
Fazendo arte com
as palavras 25
LENDO Escada •
Nye Ribeiro 25
COMPREENDENDO o texto 26
ESTUDANDO o poema visual ... 27
PRODUÇÃO Criando um
poema visual 32

MÃOS À OBRA!
Varal poético 39

UNIDADE 2

QUE MEDO! 42

CAPÍTULO 3
Eu tenho medo de... 44
LENDO Medo?
Todo mundo tem!!! •
Silvinha Meirelles 44
COMPREENDENDO o texto 45
ESTUDANDO o relato
pessoal 46
PRODUÇÃO Escrevendo um
relato pessoal 50

CAPÍTULO 4
Histórias de arrepiar 57
LENDO Recado de
fantasma • Flávia Muniz 57
COMPREENDENDO o texto 59
ESTUDANDO o conto
de mistério 60
PRODUÇÃO Criando um
conto de mistério 65

MÃOS À OBRA!
Encenar conto
de mistério 71

UNIDADE 3

DIREITOS PARA TODOS 74

CAPÍTULO 5
Um lugar acessível 76
LENDO Na escola, acessibilidade é...
• Infográfico do Instituto Paradigma 76
COMPREENDENDO o texto 78
ESTUDANDO o infográfico 80
PRODUÇÃO Produzindo um infográfico 84

CAPÍTULO 6
Acessibilidade é... 91
LENDO Anúncio institucional Calçadas Livres • Ministério Público do Estado de Rondônia 91
COMPREENDENDO o texto 92
ESTUDANDO o anúncio institucional 93
PRODUÇÃO Criando um anúncio institucional 99

MÃOS À OBRA!
Mostra de Anúncios da Turma 105

UNIDADE 4

VIAJAR E SE AVENTURAR! 108

CAPÍTULO 7
Não vejo a hora! 110
LENDO Dona palavra • Ronald Claver 110
COMPREENDENDO o texto 111
ESTUDANDO o diário pessoal 112
PRODUÇÃO Escrevendo uma página de diário 119

CAPÍTULO 8
Aventuras em alto-mar 125
LENDO Irmãs Klink, uma vida de aventuras • Joca 125
COMPREENDENDO o texto 127
ESTUDANDO a entrevista 128
PRODUÇÃO Escrevendo um roteiro de entrevista 134

MÃOS À OBRA!
Entrevista coletiva 141

UNIDADE

1 POESIA É...

Nesta unidade, você vai estudar as principais características dos **poemas**. Além disso, você vai produzir um poema em versos e criar um poema visual.

BOM TRABALHO!

A Descreva o que você vê na imagem.

B Quais elementos da imagem você acha que representam algo poético? Por quê?

C Podemos encontrar poesia em um livro, ao observar uma pintura, ao assistir a uma peça de teatro, entre outras situações. Onde mais podemos encontrar poesia?

CAPÍTULO 1

A ARTE DE RIMAR

LENDO

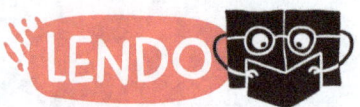

Observe o texto e a forma como ele aparece organizado na página. Como são chamados textos como este? Você já leu outro texto semelhante a este?

Agora, observe as ilustrações. Qual assunto você imagina que deve ser tratado neste texto? Leia-o e descubra.

Sono pesado

Toca o despertador
e meu pai vem me chamar:
— Levanta, filho, levanta,
tá na hora de acordar.

Uma coisa, no entanto,
impede que eu me levante:
sentado nas minhas costas,
há um enorme elefante.

Ele tem essa mania,
todo dia vem aqui.
Senta em cima de mim,
e começa a ler gibi.

Rafael Lam

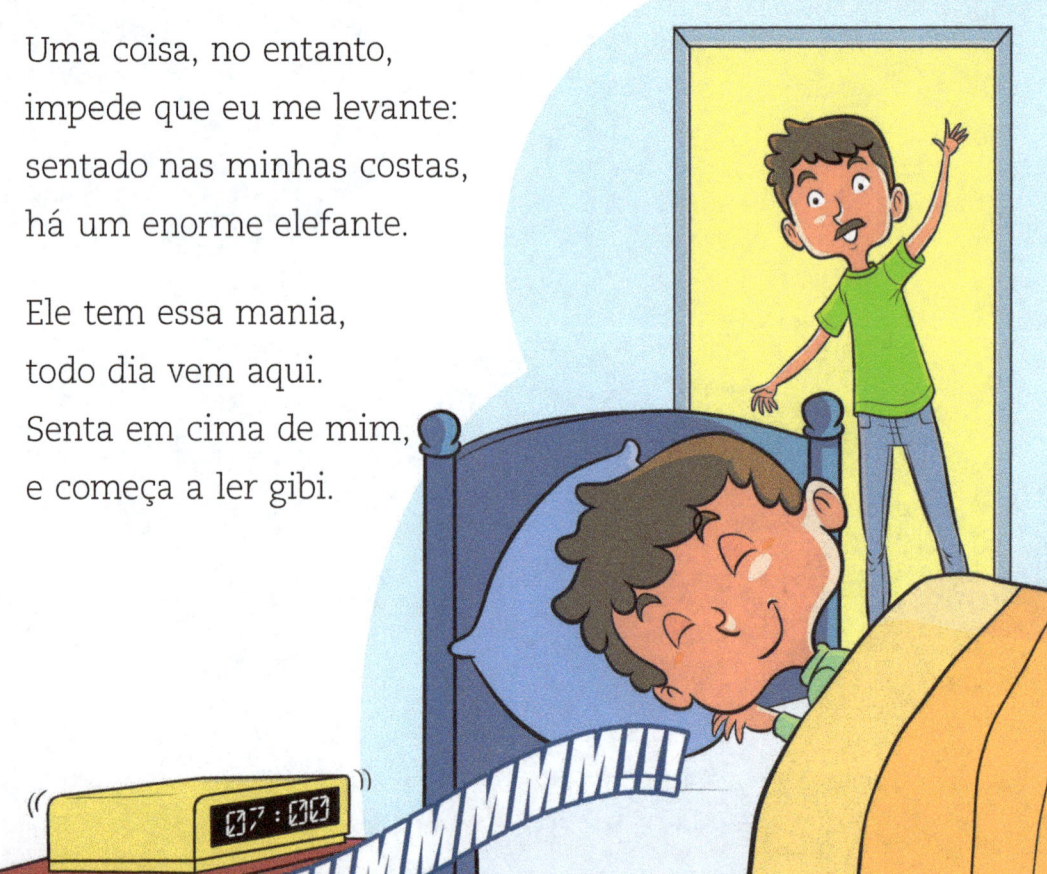

O sono, que estava bom,
fica ainda mais pesado.
Como eu posso levantar
com o bichão aí sentado?

O meu pai não vê o bicho,
deve estar ruim da vista.
Podia me deixar dormindo,
enquanto ia ao oculista...

— Espera um pouco, papai...
Não precisa ser agora.
Daqui a cinco minutos
o elefante vai embora!

Mas meu pai insiste tanto,
que eu levanto, carrancudo.
Vou pra escola, que remédio,
com o bicho nas costas e tudo!

Cláudio Thebas. Sono Pesado. Em: Cláudio Thebas.
Amigos do peito. Belo Horizonte:
Formato, 1996. p. 6-7.

CLÁUDIO THEBAS

É escritor, professor e realiza oficinas de artes em escolas, centros culturais, bibliotecas e livrarias. Além disso, atua como palhaço. Os poemas do livro **Amigos do peito** foram musicados, dando origem a um CD. Dentre outras obras, publicou também **O livro do palhaço** e **O comilão**.

COMPREENDENDO O TEXTO

1. O texto que você leu é chamado de **poema**. A sua opinião sobre o assunto de que o poema iria tratar estava correta?

2. O que você achou do poema: divertido, triste ou assustador? Justifique a sua resposta.

3. No poema, o sono é comparado a um elefante.

   A. Por que o menino usou esse animal para indicar a dificuldade de se levantar da cama?

   _____

   _____

   B. Qual é o significado da palavra **pesado** na expressão **sono pesado**? Pinte a resposta.

   | DE GRANDE PESO | PROFUNDO |

4. Se o menino dissesse que, em vez de um elefante, havia um gato nas costas dele, o sentido do texto seria o mesmo? Explique.

   _____

   _____

12

5. O que faz o menino enfim se levantar da cama para ir à escola?

○ O despertador.   ○ O peso do elefante.

○ A insistência do pai.

6. Releia a 3ª, a 4ª e a 5ª estrofes do poema.

A. Nelas, foram usadas algumas palavras para se referir ao **elefante**. Pinte-as.

| BICHO | MAMÍFERO | ANIMAL | ELE | BICHÃO |

B. Qual é a função dessas palavras?

○ Dificultar a compreensão.

○ Evitar repetição de palavras.

○ Mostrar que o menino sabe muitas palavras.

ESTUDANDO O POEMA

1. Observe como o poema "Sono pesado" aparece nas páginas 10 e 11. Pinte a resposta correta de cada uma das perguntas abaixo.

COMO CADA FRASE OCUPA A LINHA?	VAI ATÉ O FINAL
	NÃO VAI ATÉ O FINAL
COMO CADA LINHA DO POEMA SE CHAMA?	ESTROFE
	VERSO
OS VERSOS HÁ ESTROFE?	4
	18
	9

13

2. O poema foi organizado em **estrofes**.

   A. Quantas estrofes há nesse poema?

   ◯ 4   ◯ 5   ◯ 6   ◯ 7

   B. Todas as estrofes têm a mesma quantidade de versos?

   ◯ Sim   ◯ Não

3. Nos poemas, como separamos uma estrofe da outra?

_____

_____

Jonas Worcman de Matos e José Santos. Futebol de menina. Em: Jonas Worcman de Matos e José Santos. *Show de bola*. São Paulo: FTD, 2010. p. 16.

4. Observe a imagem ao lado. Ela mostra como o poema "Futebol de menina" aparece publicado em um livro. Com base neste poema e no que você leu, o que é possível afirmar sobre a organização dos poemas em estrofes?

◯ Os poemas apresentam números variados de estrofes.

◯ Todos os poemas possuem a mesma quantidade de estrofes.

5. A pessoa que fala em um poema é chamada de **eu lírico**, que é diferente do autor do poema.

A. No poema "Sono pesado" das páginas **10** e **11**, o autor chama-se Cláudio Thebas, e o eu lírico é:

◯ um menino.   ◯ uma mulher.   ◯ um homem.

B. Pinte, no poema "Sono pesado", as palavras que auxiliaram você a chegar a essa conclusão.

C. Leia os poemas a seguir e identifique o eu lírico em cada um deles.

A

Blusa branca,
mãe que zanga:
mancha de manga.

Menina branca:
— Cadê o brinco?
Lá vem bronca...

Leo Cunha. Ai, ai, ai, hai cai. Em: Leo Cunha. **Lápis encantado**. São Paulo: Quinteto Editorial, 2006. p. 18.

B

Eu sou a mosca
Que zumbe e zumbe
E pousa na lousa
Da tua cozinha.
Voo, revoo,
Zuno que zuno
E desço no doce.
Melado? Melão?
[...]

Sérgio Capparelli. Mosca tonta. Em: Sérgio Capparelli. **111 poemas para crianças**. Porto Alegre: L&PM, 2003. p. 42.

6. Releia em voz alta a 3ª estrofe do poema "Sono pesado".

Ele tem essa mania,
todo dia vem aqui.
Senta em cima de mim,
e começa a ler gibi.

A. Identifique e copie as palavras que têm o som final parecido.

_____

Quando as palavras têm o som final bem parecido, dizemos que há **rima** entre elas.

B. No poema "Sono pesado", em quais versos de cada estrofe aparecem os pares de rimas?

_____

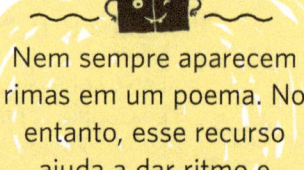

Nem sempre aparecem rimas em um poema. No entanto, esse recurso ajuda a dar ritmo e sonoridade ao texto.

7. Agora, vamos brincar de rimar. Complete os poemas a seguir com palavras que rimem nas estrofes.

A

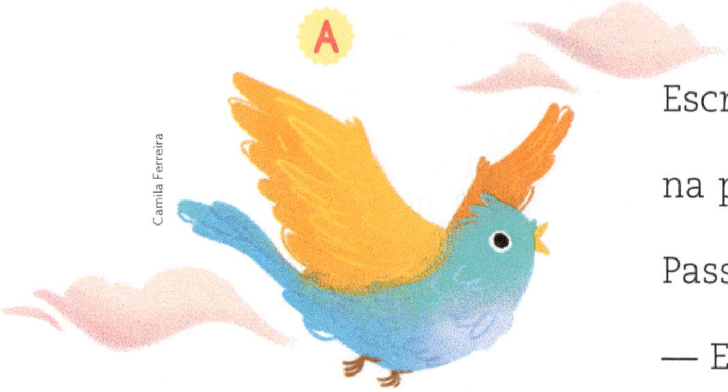

Escrevi teu lindo nome,

na palma da minha _____.

Passou um passarinho e disse:

— Escreve em teu _____.

Origem popular.

16

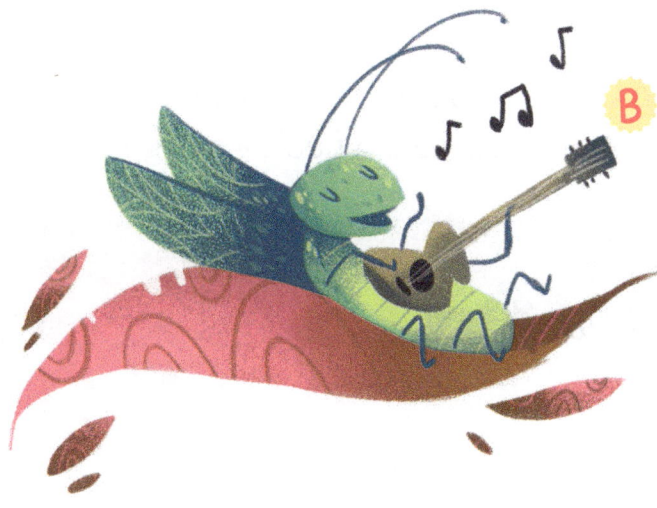

B

Você me mandou cantar,
pensando que eu não sabia.
Pois eu sou como a cigarra,
canto sempre todo ______________.

Origem popular.

C

De muito longe

Visto aqui da Lua
Não há fome nem guerra
Sobre a ______________.

Visto aqui da Lua
Na aula eu só converso
Se for em ______________.

Visto aqui da Lua
As abelhas já tiram mel
Das flores de ____________.

Visto aqui da Lua
Se eu não me engano
Eu te ______________.

Sérgio Capparelli. De muito longe. Em:
Sérgio Capparelli. **111 poemas para crianças**.
Porto Alegre: L&PM, 2003. p. 25.

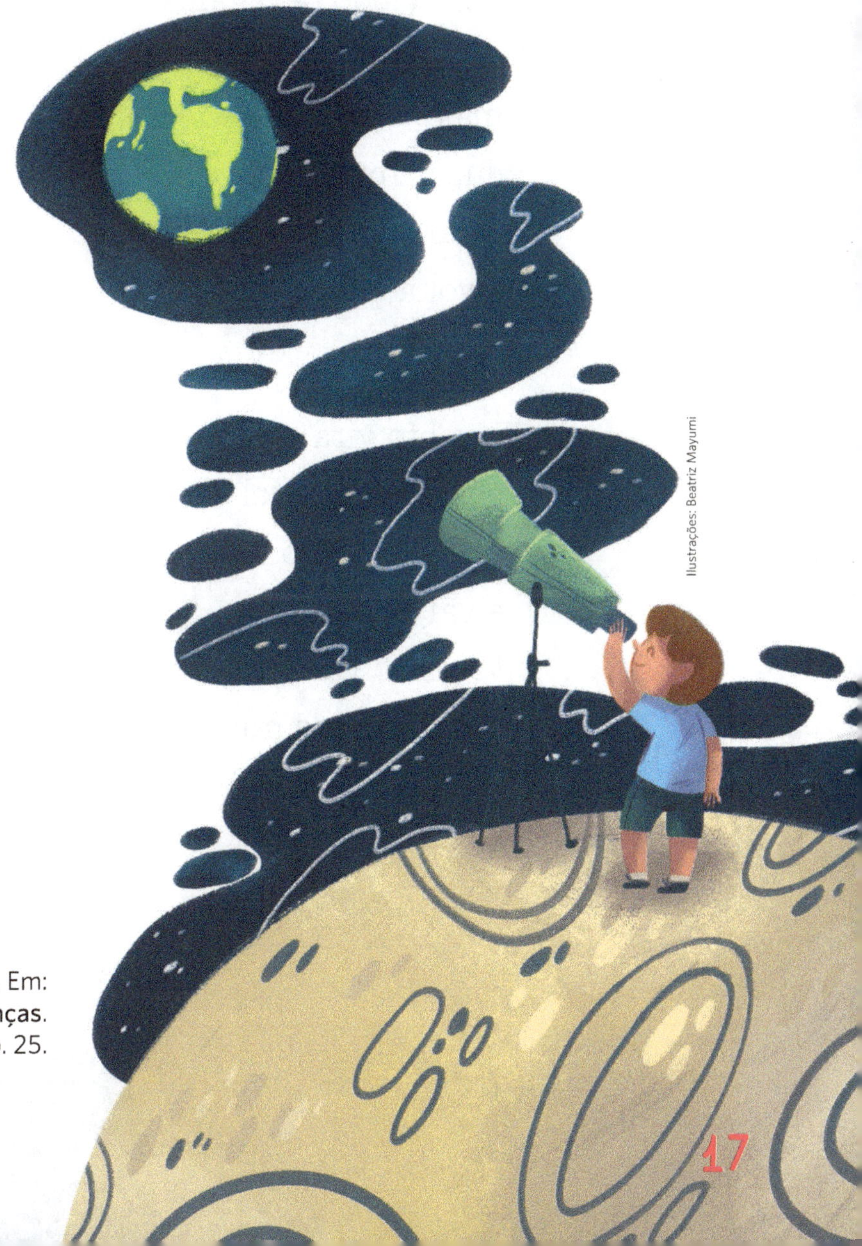

Ilustrações: Beatriz Mayumi

8. Em um poema, além da rima, podem ser usados outros recursos que dão ritmo e musicalidade. Leia o poema a seguir.

Cantiga do vento

O vento vem vindo
de longe,
de não sei onde,
vem valsando
vem brincando,
sem vontade de ventar.

Vem vindo devagar,
devagarinho,
mais viração
que vem em vão,
e vai e volta
e volta e vai.

De repente
o vento vira *rock*
e vira invencível serpente.
E voa violento
e vai velhaco,
vozeirão varrendo
várzeas, verduras
e violetas.

Ilustrações: Beatriz Mayumi

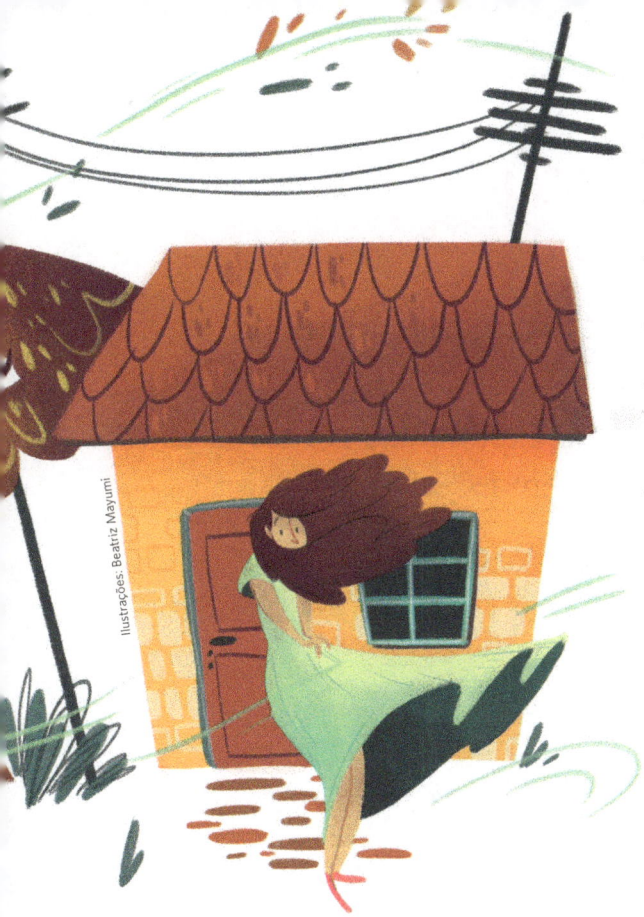

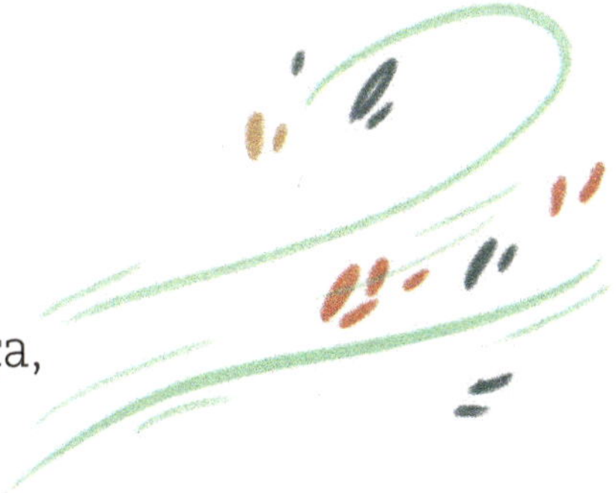

E vira violinista,
vibra na vidraça,
vira copo e vira taça,
e zoa e zoa e zoa
— uma zorra!
O vento,
mesmo veloz,
tem tempo pra brincadeira,
tem tempo pra causar vexame.
E enche a casa de sujeira
e ergue vestido de madame.

Elias José. Cantiga do vento. Em: Elias José. **Namorinho de portão**. 2. ed. São Paulo: Moderna, 2002. p. 20-21.

A. Neste poema, é possível perceber a repetição intencional de alguns sons de consoante. Quais são esses sons?

____

Nos poemas, pode haver a repetição de um som (consonantal ou vocálico). Esse recurso é usado pelo poeta para causar um efeito sonoro.

B. Que efeito sonoro essa repetição representa neste poema?

____

____

9. Geralmente, os poemas possuem um título que antecipa ao leitor o assunto do texto, como os poemas "Sono pesado" e "Cantiga do vento".

Que outro título você daria ao poema "Sono pesado"?

____

PRODUÇÃO CRIANDO UM POEMA

Neste capítulo, você leu alguns poemas e conheceu algumas características desse gênero textual.

Agora, você vai compartilhar uma experiência cotidiana com os colegas da turma por meio de um poema.

O QUE VOU ESCREVER?

UM POEMA DE, NO MÍNIMO, 2 ESTROFES SOBRE UMA EXPERIÊNCIA COTIDIANA PESSOAL.

COMO O POEMA SERÁ DIVULGADO?

SERÁ RECITADO EM UM SARAU PARA OS COLEGAS DA TURMA.

 PLANEJANDO

A seguir, há algumas orientações para ajudá-lo na produção do poema. Vamos lá?

- Pense na situação cotidiana que você vai abordar no seu poema. Você poderá escrever sobre:

  > os amigos com quem brinca no dia a dia, o que vocês têm em comum, de que gostam de brincar;
  > o seu dia na escola, alguma situação que tenha ocorrido e chamou a sua atenção;
  > alguma situação interessante que tenha acontecido com você em casa ou em passeios com a família.

Melissa Garabeli

20

- Planeje quantas estrofes você vai escrever, lembrando-se de que o poema deverá ter, no mínimo, duas estrofes.
- Anote palavras relacionadas ao assunto do seu poema.
- O poema deverá apresentar rimas, por isso pense em palavras que rimem entre si.

PRODUZINDO O POEMA

Chegou o momento de escrever o poema. Para isso, siga as orientações abaixo.

- Escreva a primeira versão do poema na página **22**, reservada para o rascunho.
- Produza seus versos utilizando as palavras que você anotou de acordo com o sentido que você quer dar ao seu poema: triste, assustador, sério ou divertido.
- Insira as rimas para garantir musicalidade entre os versos.
- Use o espaço adequado para separar as estrofes.
- Lembre-se de dar um título para o seu poema.

AVALIANDO O POEMA

Faça uma revisão para verificar se você seguiu todas as orientações.

AVALIAÇÃO	SIM	NÃO
O ASSUNTO TRATADO ESTÁ CLARO?		
O POEMA ESTÁ ORGANIZADO EM ESTROFES?		
HÁ RIMAS?		
O TÍTULO ESTÁ ADEQUADO AO SEU POEMA?		

Faça as correções indicadas pelo professor e reescreva o poema na página da **versão final**. Depois, é só seguir as orientações do professor e se preparar para o recital.

 NA SEÇÃO **MÃOS À OBRA!**, O POEMA FARÁ PARTE DO **SARAU POÉTICO**.

VERSÃO FINAL

CAPÍTULO 2
FAZENDO ARTE COM AS PALAVRAS

Os poetas brincam com as palavras. Ao escolher cada palavra, eles criam um universo cheio de surpresas para o leitor. De que forma o poema abaixo pode surpreender e emocionar o leitor?

Leia o **poema** e descubra.

Escada

Olha que
    escada
        comprida.
            Escada
                que não
                    tem fim.
                        Um degrau,
                            depois
                                o outro...
                              Parece
                                zombar
                                  de mim!

Nye Ribeiro. Escada. Em: Nye Ribeiro. **Roda de letrinhas**: de A a Z. Valinhos: Roda & Cia, 2012. p. 10.

NYE RIBEIRO

Nasceu no ano de 1950, em Boa Esperança, Minas Gerais. Atualmente, essa escritora trabalha em sua própria editora, mas também publica obras por outras editoras.

Com mais de 60 livros publicados, Nye sempre é convidada para participar de eventos ligados à Literatura e para ministrar palestras e oficinas para educadores.

COMPREENDENDO O TEXTO

1. O poema que você leu é chamado de **poema visual**. Em sua opinião, por que ele recebe esse nome?

2. Esse poema visual surpreendeu você? Por quê?

3. Quais sensações esse poema provocou em você?

4. Você já leu algum outro poema visual? Em caso afirmativo, conte aos colegas como ele era organizado.

5. Que relação existe entre o título e o poema?

6. Que outro título você daria ao poema lido?

7. Que ideia é transmitida sobre a escada nesse poema? Além do formato do poema, que palavras ou expressões foram usadas para transmitir essa ideia?

26

8. Observe as imagens a seguir.

A imagem formada no poema visual é parecida com qual dessas escadas? Explique.

_____

_____

9. Você já estudou que a rima é empregada para dar ritmo aos poemas. O poema "Escada" apresenta rimas? Se apresentar, pinte-as no poema e, depois, copie-as.

_____

ESTUDANDO O POEMA VISUAL

1. A forma do poema na página 25 sugere a imagem de uma escada. O que o poeta fez para dar essa forma ao poema?

   ○ A palavra **escada** segue a forma de degraus.

   ○ Os versos do poema seguem a forma de degraus.

27

2. O poema "Escada" está apresentado abaixo de uma maneira diferente do original. Observe-o.

> Olha que escada comprida.
> Escada que não tem fim.
> Um degrau, depois o outro...
> Parece zombar de mim!

Compare essa forma do poema com a apresentada na página 25. Qual das duas chama mais a atenção do leitor? Por quê?

_____

_____

3. Imagine que a escada estivesse no chão, deitada. De que forma você a representaria em um poema visual?

4. Considerando que o poema lido é um **poema visual**, podemos concluir que:

○ as palavras complementam a imagem.

○ as palavras têm mais importância do que a imagem.

5. Leia outros poemas visuais.

A

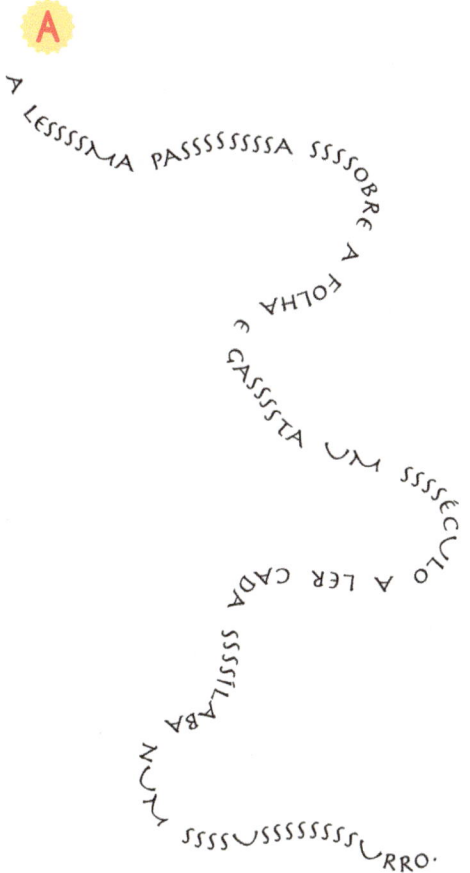

Leo Cunha. A lesma. Em: Leo Cunha. **Vendo poesia**. São Paulo: FTD, 2010. p. 13.

B Canção para ninar gato com insônia

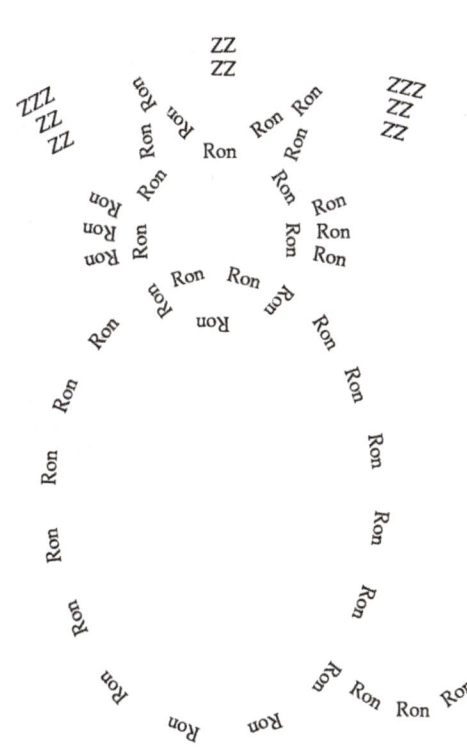

Sérgio Capparelli. Canção para ninar gato com insônia. Em: Sérgio Capparelli. **Come-vento**. Porto Alegre: L&PM, 1988. p. 17.

Agora, escreva para cada um deles o que as imagens formadas sugerem e o que o poeta usou para indicar essa ideia.

A

_____
_____
_____

B

_____
_____
_____

29

6. Leia um novo poema visual.

ANZOL

É
um
peixe
que
eu
quero
vivo
como os
ventos
mudando
de rumo
a todo
minuto
e não
a água
que canta
algo claro
entre nós.   P E I X E
e não será
possível   1
fisgar-lhe   como
a guelra   táctil
o gesto   alguma coisa viva ágil
a pedra   grafia
o olho   da geo
porque   esquerdo
talvez   lado
as águas   haja no
se neguem a   quem sabe
escutar-me o peito porque talvez
quem sabe ele fuja ou

Antônio Barreto. Anzol. Em: Antônio Barreto. **Isca de pássaro é peixe na gaiola**. 2. ed. Belo Horizonte: Miguilim, 2013. p. 28.

Os poemas visuais podem apresentar um título.

A. Contorne o título do poema acima.

B. Em sua opinião, esse título é simples ou mais complexo?

_____

C. Que relação existe entre o título e a imagem formada pelo poema?

_____

D. O poema **A** da página anterior não tem título. Que título você daria a ele?

_____

30

7. Um poema visual pode ser formado por uma única palavra, pela repetição de letras ou pela repetição de uma palavra.

Escreva a palavra que forma cada um dos poemas a seguir.

A

Guilherme Mansur. **Bichos tipográficos**. Sabará: Dubolsinho, 2007. p. 26.

B

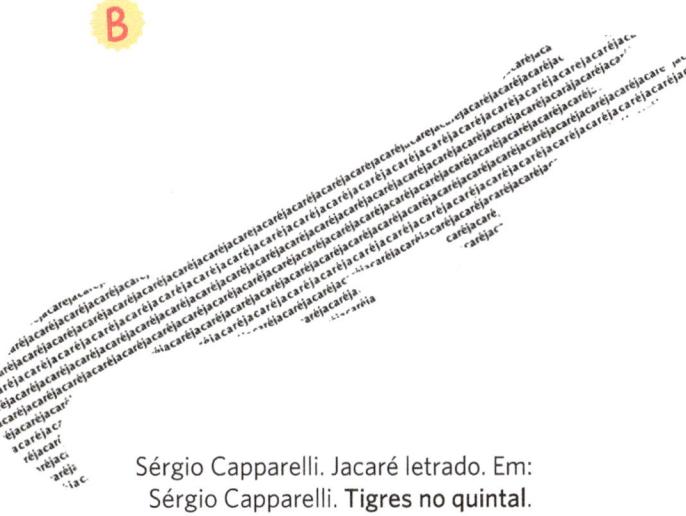

Sérgio Capparelli. Jacaré letrado. Em: Sérgio Capparelli. **Tigres no quintal**. Porto Alegre: Kuarup, 1989. p. 63.

PARA CONHECER MAIS

O livro **Vendo poesia**, de Leo Cunha, apresenta exclusivamente poemas visuais voltados ao público infantojuvenil. São mais de 40 páginas de arte com a palavra.

O livro **111 poemas para crianças**, de Sérgio Capparelli, é composto por 10 capítulos, com poemas inspirados em temas variados. Nele, você também vai encontrar poemas visuais para se inspirar e se divertir.

31

PRODUÇÃO — CRIANDO UM POEMA VISUAL

Você estudou que os poemas visuais são construídos de uma forma bem interessante. Neles, a forma é tão importante quanto as palavras e, por isso, é preciso observar a maneira como elas são dispostas.

Chegou a sua vez de criar um poema visual, com um tema de sua escolha.

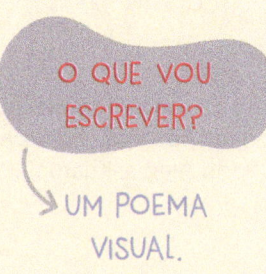

O QUE VOU ESCREVER?
→ UM POEMA VISUAL.

PARA QUEM VOU ESCREVER?
→ PARA OS FAMILIARES E OUTRAS TURMAS DA ESCOLA.

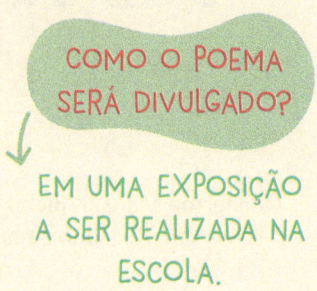

COMO O POEMA SERÁ DIVULGADO?
→ EM UMA EXPOSIÇÃO A SER REALIZADA NA ESCOLA.

PLANEJANDO

Veja, a seguir, algumas orientações que vão ajudá-lo a escrever seu poema visual. Vamos lá, dê asas à imaginação!

- Pesquise, na biblioteca da escola, livros de poemas visuais, a fim de conhecer outros além dos que você viu neste capítulo. Observe quais são os principais temas e como os textos são construídos.

- Pense no tema do poema visual. Lembre-se de que você precisa escolher um tema que possibilite trabalhar as palavras de forma que possa criar uma imagem.

- O tema do seu poema pode estar relacionado a:

UM ANIMAL | UM OBJETO | UM SENTIMENTO

UMA SITUAÇÃO | UMA VIAGEM | UM SONHO

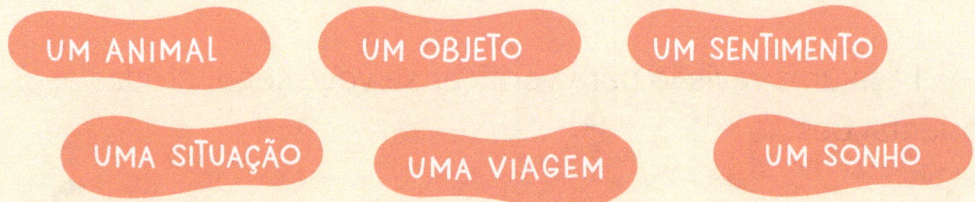

- Pesquise imagens relacionadas ao que você pretende representar visualmente no poema.
- Faça o esboço do desenho para testar a forma que você vai dar ao texto.

PRODUZINDO O POEMA

Escolhido o tema, inicie a produção do seu poema visual. Na página **35**, você vai encontrar um espaço para fazer a primeira versão do seu texto.

Leia, a seguir, algumas orientações que vão lhe ajudar nessa atividade.

- Elabore os versos abordando o tema que você escolheu.
- Organize as palavras de modo a formar imagens que representem o significado das palavras ou do tema do poema.
- Dê um título bem sugestivo para o seu poema.
- Se desejar, consulte o *site* a seguir para obter ajuda na produção do seu poema visual.

PARA CONHECER MAIS

Para se inspirar e praticar o seu lado poético, acesse o *site* <http://ftd.li/2vdk2j>. Acesso em: 23 jun. 2017.

Nele, você encontrará poemas visuais e poderá criar outros pela internet, divertindo-se bastante. É muito interessante e vale a pena conferir!

www.ciberpoesia.com.br

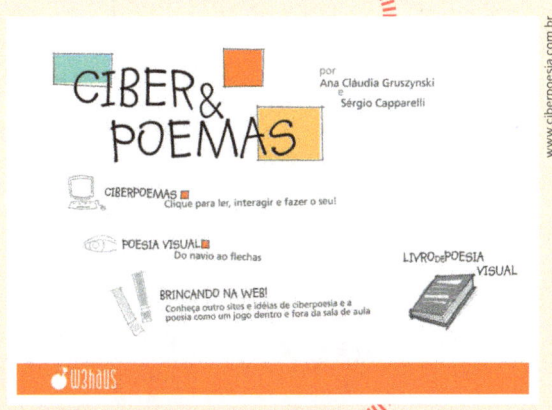

AVALIANDO O POEMA VISUAL

Faça uma revisão para verificar se você seguiu todas as orientações.

AVALIAÇÃO	SIM	NÃO
O poema transmite uma mensagem pela forma como foi construído?		
As palavras foram distribuídas no poema de modo a formar uma imagem que retrata o significado das palavras?		
As palavras que você empregou para formar a imagem estão relacionadas ao tema do poema?		
Você deu um título sugestivo ao seu poema?		

Corrija o que for indicado pelo professor e reescreva o seu poema na página **37**, reservada para a versão final.

Em seguida, sob a orientação do professor, organizem uma exposição dos poemas, para que todos da escola possam conhecê-los.

Verifiquem com o professor:
- como será feita a produção do mural;
- a escolha de um local adequado para a exposição dos poemas visuais.

 NA SEÇÃO **MÃOS À OBRA!**, O POEMA VISUAL QUE VOCÊ PRODUZIU FARÁ PARTE DO **VARAL POÉTICO**.

VERSÃO FINAL

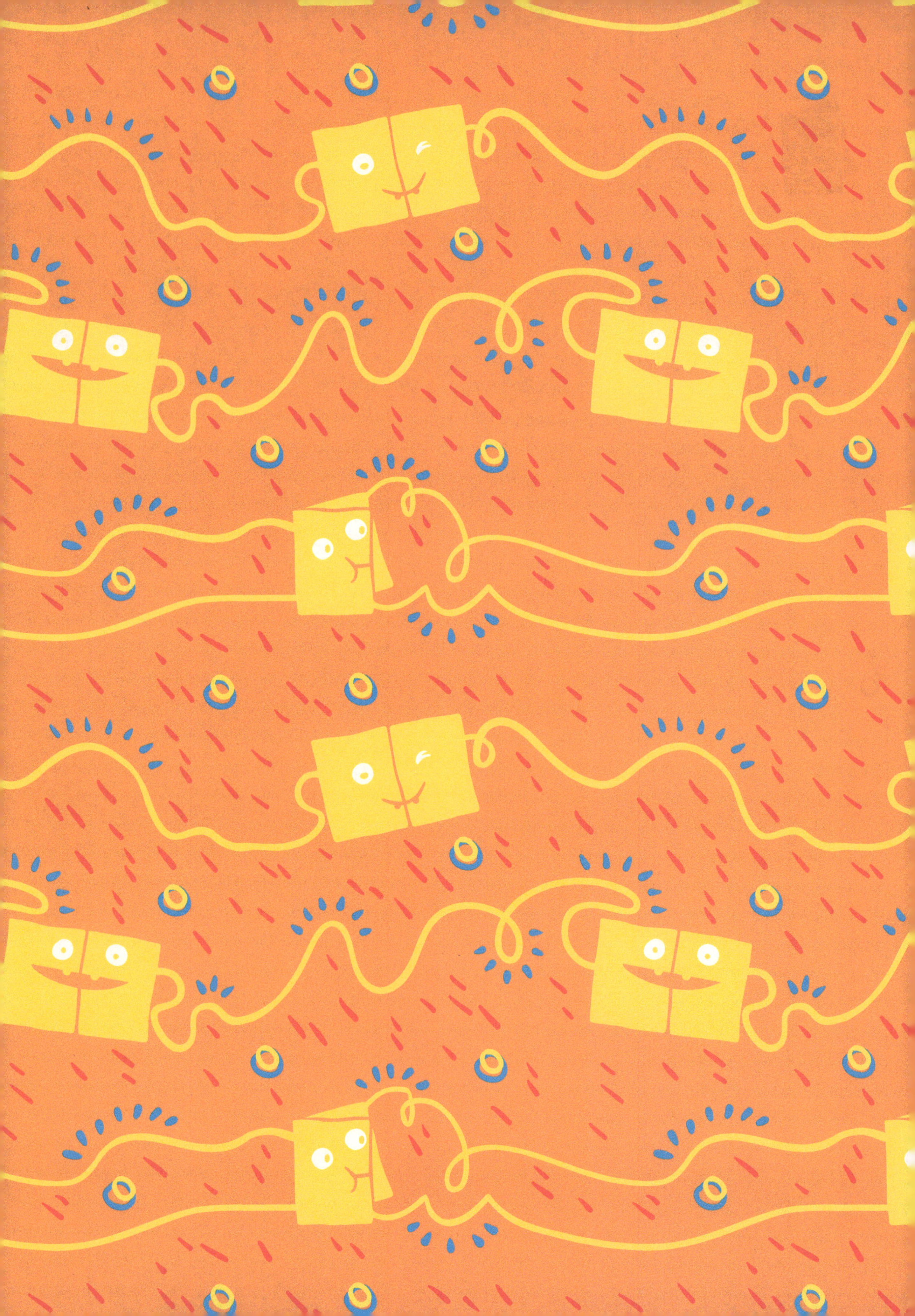

MÃOS À OBRA!

VARAL POÉTICO

Chegou a hora de você mostrar o que aprendeu criando com os seus amigos um **Varal poético**. Nesse varal, serão expostos todos os poemas que a turma produziu no decorrer da unidade.

E, para finalizar em grande estilo, vocês realizarão um **Sarau poético** e vão convidar outros alunos da escola, pais e familiares para assistirem à apresentação.

Então, vamos iniciar os preparativos para esse evento.

1ª ETAPA

PREPARAÇÃO DOS POEMAS

- O professor entregará à turma os poemas produzidos no capítulo 1 e no capítulo 2.
- Releia os poemas e verifique se precisam de alguma adequação. Esse é o momento dos ajustes finais.
- Você e seus colegas farão dois varais: um com os poemas produzidos no capítulo 1 e outro com os poemas visuais produzidos no capítulo 2.

Escolha, com os colegas, qual será a ordem dos poemas nos varais: ordem alfabética por nome de autor ou ordem alfabética por título do poema. Essa ordem será a utilizada na montagem do **Varal poético**.

O varal não é de roupa, é algo muito legal... Venham ver do que se trata esse evento "Poetical"!!!!

Local: Sala nº 203
Horário: a partir das 14 horas.

PRODUZINDO OS CONVITES

Para que o evento seja um sucesso, é preciso convidar alunos de outras turmas, pais e familiares para assistirem às apresentações. Chegou a hora de a turma, com o professor, criar o convite do evento. Para isso, usem cartolina, lápis de cores diferentes, canetinhas, recortes e colagens de figuras, adesivos e o que mais tiverem para enfeitar o convite. Vocês podem fazer um convite com rimas. Usem a criatividade!

2ª ETAPA

Nessa etapa, o professor orientará a turma na organização dos varais e do sarau.

A turma será dividida em três grupos de trabalho para que todos possam participar.

ORGANIZANDO OS VARAIS E O SARAU POÉTICO

GRUPO 1

- Escolher com o professor um local adequado da escola para montarem os varais e realizarem o sarau.
- Arrumar o local da exposição dos varais e do sarau.
- Separar uma cordinha – de barbante ou de plástico – para montar os varais.
- Arrumar pregadores para pendurar os poemas nos varais.
- Organizar o espaço do sarau com cadeiras ou almofadas para que as pessoas possam se sentar.

ORGANIZANDO OS POEMAS

GRUPO 2

- Separar os poemas seguindo a ordem que for escolhida pela turma.
- Organizar os poemas no varal.

ORGANIZANDO OS POEMAS VISUAIS

GRUPO 3

- Separar os poemas visuais seguindo a ordem escolhida pela turma.
- Organizar os poemas visuais no varal.

3ª ETAPA

DIA DO SARAU POÉTICO

No dia do sarau, procure ficar próximo à exposição, a fim de tirar dúvidas ou explicar os seus trabalhos para os visitantes.

SARAU POÉTICO

Veja o que você deverá fazer para a apresentação.

- Sob a orientação do professor, dirija-se ao local da apresentação.
- A apresentação poderá ser individual, em duplas ou em grupos. Verifique com o professor como você vai se apresentar.
- Memorize antecipadamente o poema para auxiliar no momento da declamação. Caso não consiga, use anotações como ajuda, só não deixe de participar por não conseguir decorar.

E O QUE É UM SARAU?

Sarau é uma festa em que um grupo de pessoas se reúne para cantar, dançar, tocar instrumentos musicais, declamar poemas, mostrar pinturas.

AVALIAÇÃO

Após a finalização das apresentações, com o professor, conversem sobre a sua participação nesse evento e sobre a impressão que o público teve. Troquem ideias também sobre os aspectos a seguir.

- Você gostou de recitar poemas?
- Os membros do seu grupo participaram das atividades?
- O público demonstrou gostar do sarau?
- É preciso melhorar a maneira de apresentar em uma próxima atividade?

UNIDADE

2 QUE MEDO!

Nesta unidade, você vai estudar as principais características dos gêneros **relato pessoal** e **conto de mistério**. Além disso, vai criar um relato pessoal sobre medo e, com os colegas da sala, contará o final de um conto misterioso.

BOM TRABALHO!

A O que você acha que as crianças estão vendo para justificar a expressão delas?

B Em sua opinião, o que as crianças podem estar sentindo?

C Do que você tem medo? Comente com seus colegas e com seu professor.

43

CAPÍTULO 3 — EU TENHO MEDO DE...

LENDO

O medo é um sentimento que faz parte da vida das pessoas e dos bichos também. Para você, somente as crianças sentem medo ou os adultos também? Os medos das pessoas são sempre os mesmos?

A seguir, duas crianças contam os seus medos e o que elas fazem para enfrentá-los. Leia os textos para saber o que elas falam.

MEDO DE ESCURO "Eu tenho medo quando apago a luz, parece que alguém vem me pegar. Ou quando eu ponho o meu pé entre a cama e a parede, fico com medo de que saia uma mão verde-acinzentada e pegue o meu pé."

ANTÍDOTO "Quando eu era pequena vi uns *slides* de patinhos. Então, até hoje, quando penso numa coisa ruim, mudo de assunto na minha cabeça como se estivesse trocando de *slides*."

Nina Albuquerque, 9 anos.

MEDO DE LADRÃO "Quando eu fico sabendo de história de ladrão na vizinha, ou coisa assim, me dá medo. Principalmente de manhã bem cedo, quando o cachorro late e eu fico imaginando que tem algum perigo lá fora."

ANTÍDOTO "Tentar esquecer e dormir outra vez."

Luciana Cinacchi, 8 anos.

Silvinha Meirelles. Medo? Todo mundo tem!!!. Em: Heloisa Prieto (Organizadora). **O livro dos medos**. São Paulo: Companhia das Letrinhas, 1999. p. 37, 39.

SILVINHA MEIRELLES

Essa escritora nasceu em São Paulo e é formada em Psicologia. Trabalhou como psicóloga, orientadora educacional e já publicou alguns livros e contos para o público infantil e juvenil. Escreveu também o livro **Sem raça, com graça**.

COMPREENDENDO O TEXTO

1. Você leu sobre dois tipos de medo.
   A. Qual deles você acha mais terrível? Por quê?
   B. Esses medos são comuns entre as pessoas ou não? Por quê?

2. Você já sentiu algum desses medos? Qual? Comente.

3. Os textos que você leu são chamados de **relatos pessoais**. Escolha um dos dois relatos e pense em outro antídoto para enfrentar o medo. Depois, comente.

ATITUDE CIDADÃ

O medo é um sentimento que faz parte da vida de qualquer pessoa. Algumas pessoas o sentem mais, outras menos, e ele pode ocorrer pelos mais diferentes motivos.

Diante disso, é muito importante respeitar o outro quando o medo aparecer e, se possível, tentar ajudá-lo a enfrentar esse sentimento para livrar-se dele.

4. Os relatos da página 44 são divididos em duas partes: tipos de medos e antídoto. Leia a seguir o significado da palavra **antídoto** em um verbete de dicionário.

> **antídoto** (an-tí-do-to) *subst. masc.* **1** MED Medicamento que combate a ação de um veneno. **2** Qualquer coisa que sirva para melhorar uma situação. *Cantar é um antídoto para a tristeza.*
>
> Antonio Houaiss. **Dicionário Houaiss ilustrado**: integralmente adaptado ao acordo ortográfico. Rio de Janeiro: Objetiva, 2010. p. 24.

Com qual significado essa palavra foi empregada nos relatos?

_____

ESTUDANDO O RELATO PESSOAL

1. Nos textos da página 44:

◯ as meninas relatam algo que aconteceu com elas mesmas.

◯ as meninas relatam algo que aconteceu com outras pessoas.

2. Agora, leia um trecho do relato de algumas crianças indígenas. Sublinhe nele as palavras que indicam que os fatos ocorrem com essas crianças.

> Nós somos as crianças do povo Yudja, da aldeia Tuba Tuba do Parque Indígena do Xingu, no Mato Grosso.
> [...] Nós gostamos de brincar de pega-pega no rio, de escorregar no barranco... De desenhar animal ou pessoa na terra, de brincar de rodar o pião com semente de tucum...
> E de fazer brincadeira de barbante.[...]
>
> POVOS Indígenas no Brasil Mirim. São Paulo: Instituto Socioambiental, 2015. p. 68-69.

3. Releia os relatos da página **44** e copie dois trechos em que há palavras (pronomes) que indicam que os fatos citados ocorrem com as meninas.

Trecho I

_____

_____

_____

_____

Trecho II

_____

_____

_____

4. No texto a seguir, uma pessoa conta fatos que aconteceram com outras. Leia-o.

> André estava caminhando pela rua com seu tio, após sair da escola. De repente, apareceu um cachorro e começou a latir sem parar. André tremeu de medo, segurou forte a mão do tio e fechou os olhos com medo do cachorro. Seu tio falou: "Calma, André, o cachorro está para dentro do portão da casa!".

Agora, você deverá reescrever esse texto como se você fosse André e tivesse vivido os fatos contados.

_____

_____

_____

_____

47

5. Leia um trecho do relato de um menino indígena chamado Yaguarê, do povo Sateré-Mawé, que vive no Amazonas. Observe os verbos destacados.

[...]

A vida de uma criança na aldeia **é** assim: logo de manhã bem cedo, quando a gente **vai** pegar água para os adultos, só limpar os dentes não basta, **tem** que pular na água e aproveitar bem essa hora. Daí a gente **volta** e **trabalha** com os adultos. Lá pelas três da tarde, já **estamos** livres novamente para pular na água, e **são** mais duas horas de brincadeira. [...]

No finalzinho da tarde, a gente **volta** para ouvir histórias. O meu pai **é** um dos contadores de histórias. Ele **senta** bem no meio do terreiro, **toca** flauta, **respira** bem fundo e **fica** contando fábulas para as crianças. É dever do pai ensinar para os filhos pequenos as histórias de nosso povo. [...]

José Santos. Quando a escola é a natureza. Em: José Santos. **Crianças do Brasil**: suas histórias, seus brinquedos, seus sonhos. São Paulo: Peirópolis: Museu da Pessoa, 2008. p. 88.

Brincar no rio também faz parte da vida das crianças indígenas da aldeia Kalapalo, Mato Grosso.

A. Em qual tempo estão empregados esses verbos?

○ presente ○ passado ○ futuro

B. Yaguarê usa esse tempo verbal em seu relato porque:

○ conta fatos que viveu há muito tempo.

○ conta fatos que vive no dia a dia.

○ conta fatos que ainda vão acontecer.

6. Agora, leia outro trecho de um relato.

> [...]
>
> Menina, na escola, para escrever eu **usava** uma peninha de metal enfiada num cabo de madeira. Na mesa, **ficava** um vidrinho de tinta azul onde eu **molhava** a peninha de metal. Parece simples, mas a tinta **pingava**, **manchava** o papel, o livro e, logicamente, a blusa branca exigida pela escola.
>
> [...]
>
> Gerda Brentani. **Eu me lembro**. São Paulo: Companhia das Letras, 1993. p. 22.

A. Em qual tempo estão empregados os verbos em destaque?

_____

B. A autora usa esse tempo verbal em seu relato porque:

○ conta fatos que viveu há muito tempo.

○ conta fatos que vive no dia a dia.

○ conta fatos que ainda vão acontecer.

> Em um **relato pessoal**, os fatos são apresentados na primeira pessoa porque registram experiências relacionadas à vida de quem os conta, que ocorrem no presente ou que já ocorreram em tempos passados.
>
> Dependendo do interlocutor e de onde será publicado o relato, podemos utilizar uma linguagem mais descontraída, informal (com gírias, palavras abreviadas etc.), ou mais formal.
>
> É importante destacar que o relato pessoal não ocorre somente pela linguagem escrita, mas também pode ser transmitido pela linguagem oral, por exemplo, em uma conversa ou ainda em seminários e palestras.

PRODUÇÃO ESCREVENDO UM RELATO PESSOAL

Neste capítulo, vimos alguns relatos pessoais, entre os quais lemos as experiências vividas por duas meninas que relataram situações que as deixaram com medo. Assim como essas meninas, todos nós temos experiências que nos causam medo.

Agora, é sua vez de relatar para os colegas uma situação em que você tenha ficado com medo e o que fez para enfrentá-lo.

O QUE VOU ESCREVER?
UM RELATO.

SOBRE O QUE SERÁ O RELATO?
SOBRE UM MEDO QUE TIVE.

PARA QUEM VOU APRESENTAR O RELATO?
PARA MEUS COLEGAS DE SALA.

Depois de pronto, você vai apresentar o seu relato oralmente para os colegas. Assim, todos vão poder trocar experiências.

PLANEJANDO

Veja, a seguir, algumas orientações que vão ajudá-lo a produzir seu relato.

- Procure lembrar-se de algo que o tenha deixado com medo.
- Registre o que lhe causou medo: O encontro com algo estranho?; Um fantasma?
- Pense por que teve esse medo e se você fez algo para combatê-lo.
- Caso se considere corajoso, poderá inventar um medo.

PRODUZINDO O RELATO PESSOAL

Utilize as páginas 53 e 54 para fazer a primeira versão do relato.

- Escreva sobre a situação que lhe causa medo, respondendo às questões:
  - O que aconteceu que o deixou com medo?
  - Em que situação esse sentimento de medo surgiu?
  - Como você lidou com ele, ou seja, qual foi o antídoto que usou para superá-lo?
- Produza um texto curto, utilizando essas informações, relatando a sua experiência e o antídoto que você usou.
- Ao final, escreva o seu nome e sobrenome e a sua idade.

Lembre-se de que você deve usar pronomes que indiquem a 1ª pessoa, como eu, me; e verbos no presente ou passado.

AVALIANDO O RELATO PESSOAL

Faça uma avaliação do seu relato, com base nas questões abaixo.

AVALIAÇÃO	SIM	NÃO
VOCÊ DEIXOU CLARO QUAL É O SEU MEDO E POR QUE ELE OCORRE?		
COMENTOU COMO SUPEROU O MEDO?		
UTILIZOU PALAVRAS QUE INDICAM QUE VOCÊ ESTÁ RELATANDO OS FATOS?		
ANOTOU O SEU NOME E A SUA IDADE NO RELATO?		

Após a avaliação, arrume o que for necessário e registre a versão final nas páginas 55 e 56. Seu relato será apresentado aos colegas em uma aula a ser combinada com o professor.

APRESENTANDO O RELATO PESSOAL

Chegou o momento de apresentar para os colegas o relato que você escreveu.

Veja algumas orientações para a realização desta atividade.

- Releia o relato quantas vezes forem necessárias para se lembrar dos fatos.
- Com os colegas, organizem-se em semicírculo, de acordo com a orientação do professor.
- Ao ser chamado pelo professor, dirija-se até a frente da sala e apresente o seu relato calmamente, pronunciando as palavras com clareza.
- Use um tom de voz adequado para que todos os seus colegas consigam ouvir o seu relato.
- Ouça atentamente a apresentação do relato dos seus colegas e respeite a fala de cada um.

Ao final das apresentações, conversem com o professor e os colegas e façam uma avaliação da atividade.

Veja algumas questões sobre as quais vocês poderão conversar.

- Como foram as apresentações de todos?
- O tom de voz utilizado foi adequado?
- Houve alguma dificuldade durante as apresentações?

Por fim, conversem sobre o que mais gostaram na atividade e reflitam sobre o que pode ser melhorado.

RASCUNHO

VERSÃO FINAL

CAPÍTULO 4 — HISTÓRIAS DE ARREPIAR

LENDO

No capítulo anterior, você viu que podemos sentir medo por diferentes motivos. A história a seguir é um **conto**. Nele, é narrado um episódio misterioso. Que tipo de mistério você acha que vai encontrar neste conto? Será que você vai sentir medo? Que tal tentar adivinhar o segredo que há neste texto? Leia-o e decifre-o.

Recado de fantasma

Tudo começou quando nos mudamos para aquela casa. Era um antigo sobrado, com uma grande varanda envidraçada e um jardim. Eu me sentia tão feliz em morar num lugar espaçoso como aquele, que nem dei atenção aos comentários dos vizinhos, com quem fui fazendo amizade. Eles diziam que a casa era mal-assombrada. Alguns afirmavam ouvir alguém cantando por lá às sextas-feiras.

— Deve ser coisa de fantasma! — falavam.

— Se existe, nunca vi! — E então contava a eles que as casas antigas, como aquela, com revestimentos e assoalho de madeira, estalam por causa das mudanças de temperatura. Isso é um fenômeno natural, conforme meu pai havia me explicado. Mas meus amigos não se convenciam facilmente. Apostavam que mais dia menos dia eu levaria o maior susto.

Certa noite, três anos atrás, aconteceu algo impressionante. Meus pais haviam saído e eu fiquei em casa com minha irmã, Beth. Depois do jantar, fui para o quarto montar um quebra-cabeça de 500 peças, desses bem difíceis.

Faltava um quarto para a meia-noite. Eu andava à procura de uma peça para terminar a metade do cenário quando senti um ar gelado bem perto de mim. As peças espalhadas pelo chão começaram a tremer. Vi, arrepiado, cinco delas flutuarem e depois se encaixarem bem no lugar certo. Fiquei tão assustado que nem consegui me mexer. Só quando tive a impressão de ouvir passos se afastando é que pude gritar e sair correndo escada abaixo. Minha irmã tentou me acalmar, dizendo que tudo não passava de imaginação, mas eu insisti e implorei que ela viesse até o quarto comigo. Uma segunda surpresa me esperava: o quebra-cabeça estava montado, formando a imagem de uma casa com um jardim bem florido. No entanto, meu jogo formava o cenário de uma guerra espacial, eu tinha certeza!

No dia seguinte, fui até a biblioteca pesquisar o tema. Eu e Beth encontramos dúzias de livros que tratavam de fatos extraordinários e aparições. E a explicação para eventos desse tipo foi a seguinte:

----

*

Hoje minha casa tem o jardim mais bonito da rua. Centenas de lindas margaridas brancas florescem a maior parte do ano (para total espanto da vizinhança). O fantasma? Nunca mais vi. Decerto passeia feliz pelo jardim, nas noites de lua cheia.

*Espaço reservado para a imaginação da turminha.
Flávia Muniz. Recado de fantasma. **Nova Escola**. São Paulo: Abril, ago. 2004. v. 1. p. 13. Edição Especial: Contos para crianças e adolescentes.

FLÁVIA MUNIZ

Nascida em Franca, no estado de São Paulo, essa autora dedica-se, principalmente, a escrever livros para o público infantojuvenil. Foi indicada para o prêmio Jabuti pelos livros **Brincadeira de Saci**, **O tubo de cola** e recebeu o prêmio Associação Paulista de Críticos de Arte com o livro **Viajantes do Infinito**. Saiba mais sobre a autora no *site* <www.flaviamuniz.com>.

COMPREENDENDO O TEXTO

1. O mistério narrado no conto é semelhante ao que você imaginou que leria na história? Comente.

2. O que os vizinhos diziam sobre a casa? Por que eles falavam isso?

3. Qual explicação o narrador dava aos vizinhos sobre o que acontecia na casa?

4. De acordo com os fatos narrados, qual foi o recado do fantasma?

5. Você conhece histórias de mistério? Conte para os colegas.

6. O que histórias como essas despertam em você?

7. Coloque-se no lugar do personagem. O que você faria se visse peças de um quebra-cabeça flutuando?

_____

_____

8. Após o susto com o quebra-cabeça, o garoto e sua irmã foram a uma biblioteca pesquisar explicações para os fatos ocorridos na casa. O que será que eles descobriram?

Use a sua imaginação e crie uma continuação para o trecho que está faltando.

_____

_____

_____

ESTUDANDO O CONTO DE MISTÉRIO

1. O texto que você leu:

◯ apresenta um fato do dia a dia.

◯ dá uma opinião/quer convencer o leitor.

◯ conta uma história.

◯ dá instruções/orientações sobre algo.

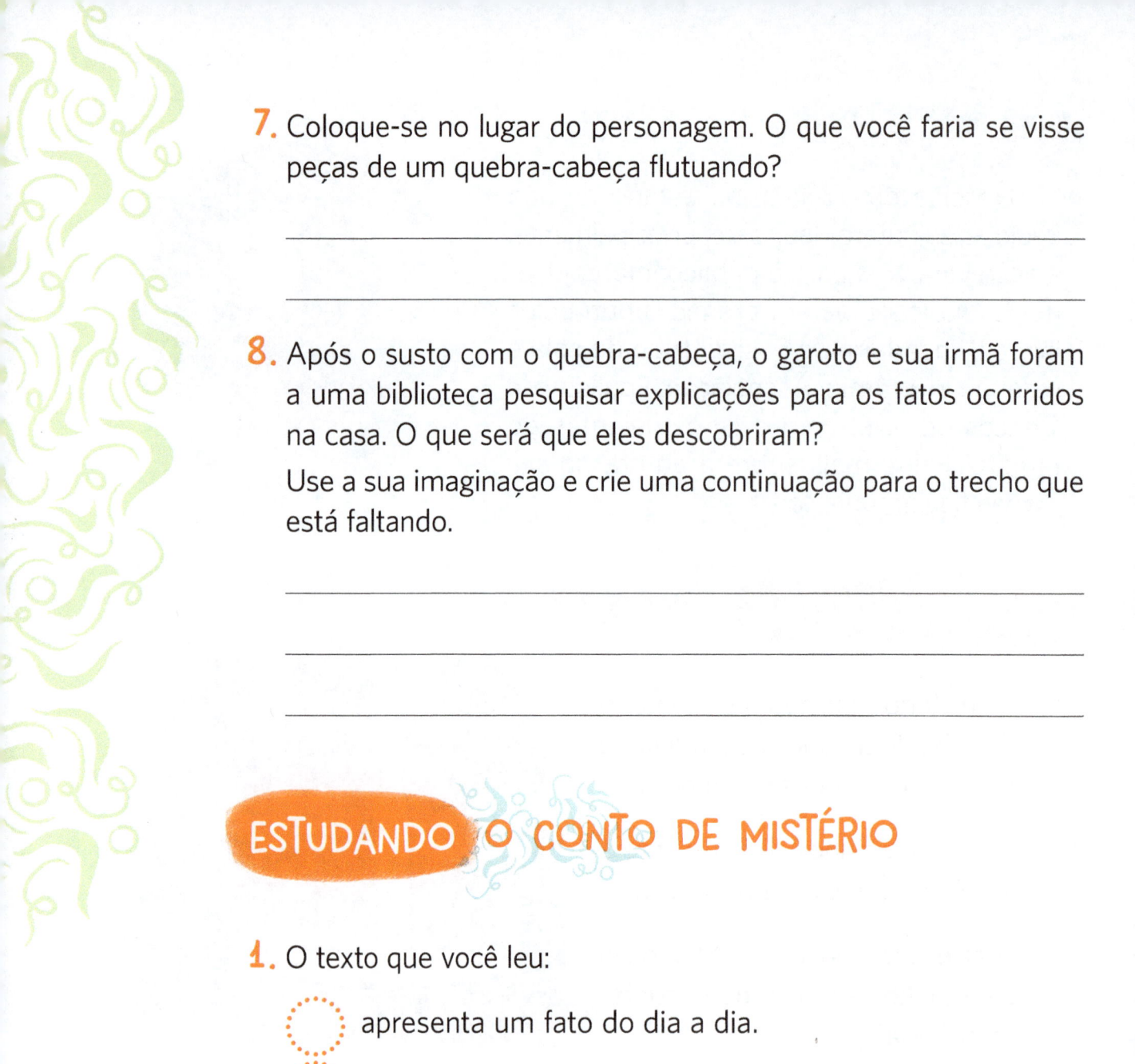

2. Marque V (verdadeiro) ou F (falso) para as alternativas sobre as personagens e os acontecimentos do conto.

◯ Os personagens são reais e os fatos narrados ocorrem no dia a dia das pessoas.

◯ Os personagens são fictícios e os acontecimentos narrados são misteriosos e sobrenaturais.

3. O narrador do conto lido também participa da história. Entre os personagens a seguir, qual deles narra a história? Contorne a resposta correta.

IRMÃ BETH   PAI

GAROTO   AMIGOS

4. O conto que você leu apresenta um fato misterioso que deve ser desvendado.

   A. Esse fato gera o momento de maior tensão da história. Identifique e escreva qual é esse fato.

   _____
   _____
   _____
   _____
   _____

   B. Quando esse fato ocorreu?

   _____
   _____

5. Em uma história de mistério, geralmente, acontecem fatos incomuns provocados por certos personagens, que ajudam a criar o clima misterioso.

   A. Qual personagem do conto lido criou esse ar de mistério para a história?

   _____

B. Que outros personagens você acha que podem ser empregados em uma história para criar um clima de mistério?

_____

_____

6. Outro elemento responsável por reforçar o clima de mistério nessas histórias é o ambiente em que os fatos acontecem.

A. Onde se passou a história "Recado de fantasma"?

_____

B. Quais características foram dadas a esse lugar que contribuem para esse clima?

_____

_____

C. Leia os trechos de outros contos de mistério e sublinhe o lugar onde os fatos acontecem.

A

> O céu estava escurecendo rapidamente, fechado, com nuvens escuras, quase pretas, anunciando uma tempestade de trovões, relâmpagos e água pesada. Manezinho apressou o passo na estrada deserta meio sem saber o que fazer. Tinha pegado uma carona até o trevo e agora caminhava em direção à cidade que se escondia do lado de lá da pequena montanha. Quase uma hora de caminhada e via apenas a estradinha se espichando em direção ao monte de terra. Tomaria chuva, com certeza. No máximo, tentaria se esconder debaixo de uma daquelas arvorezinhas raquíticas que margeavam o caminho. A escuridão aumentou ainda mais, fazendo com que ele, um homem danado de corajoso, tivesse medo do temporal e do aguaceiro que estavam para vir. [...]
>
> Edson Gabriel Garcia. O casal de velhos. Em: Edson Gabriel Garcia. **Sete gritos de terror**. São Paulo: Moderna, 1991. p. 17.

B

Uma hora da manhã

[...]

Parecia que alguma coisa estava se mexendo, entre as folhagens, atrás do muro em que eu estava parado.

Imaginei que não devia ser nada.

Com certeza era só impressão minha ou algum sopro de vento mais forte.

Uma hora e dez minutos

Não era impressão minha.

Continuei ouvindo os mesmos barulhos.

Aquilo não era normal. Eu sabia que não era normal ouvir aqueles barulhos naquela hora da noite. E me descontrolei todo.

Meus dentes começaram a bater uns nos outros e eu não conseguia falar, nem gritar, nem nada.

Pelo barulho que estava ouvindo, devia ser uma pessoa tentando atingir o alto do muro. [...]

Liliana Iacocca. **Encontro à meia-noite**. São Paulo: FTD, 1996. p. 35-36.

7. Essas narrativas são construídas com palavras e expressões que ajudam a criar o clima de mistério. É o caso, por exemplo, das seguintes palavras e expressões empregadas no conto "Recado de fantasma".

| MAL-ASSOMBRADA | COISA DE FANTASMA | ARREPIADO |
| TÃO ASSUSTADO | GRITAR | SAIR CORRENDO |

Escolha um dos trechos, **A** ou **B**, da atividade anterior e pinte de amarelo as palavras e expressões que ajudam a criar o clima de mistério da narrativa.

8. Observe as capas de livros a seguir.

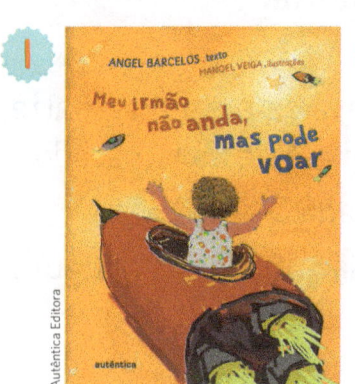

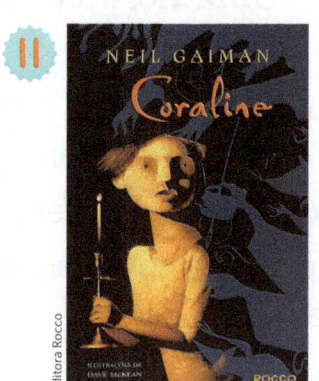

I — Meu irmão não anda, mas pode voar (Angel Barcelos; il. Manoel Veiga) — Autêntica Editora

II — Coraline (Neil Gaiman; il. Dave McKean) — Editora Rocco

III — Uma casa cheia de mistérios (Fabiana Fortini Alencar; il. Anna Gobel) — Editora Formato

A. Qual dessas capas não se refere a um livro de história de mistério? Marque.

○ I   ○ II   ○ III

B. Quais elementos dessas capas indicam que os livros não assinalados contêm histórias de mistério? Marque.

○ Os títulos dos livros.

○ O nome dos autores dos livros.

○ As imagens utilizadas.

○ A indicação das editoras que publicaram os livros.

○ As cores empregadas em cada capa.

PARA CONHECER MAIS

De autoria do escritor estadunidense R. L. Stine, **Goosebumps** é uma série de livros de mistério e suspense que promete arrepiar os cabelos do leitor. Com títulos como **O uivo do cachorro fantasma**, **A casa das múmias** e **Bem-vindo ao acampamento dos pesadelos**, essa série inspirou um programa de TV e até mesmo um filme.

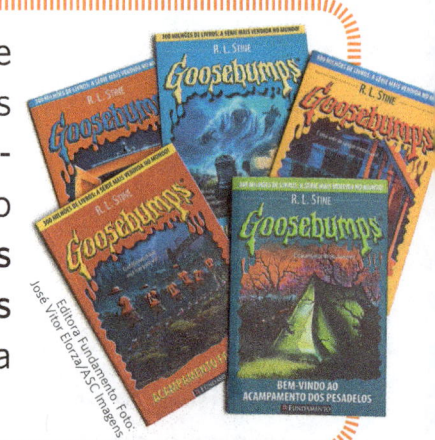

64

PRODUÇÃO — CRIANDO UM CONTO DE MISTÉRIO

Agora, você vai colocar em prática o seu talento de autor de contos de mistério. Para isso, reúna-se com dois ou três colegas e criem uma história com as principais características dessas narrativas. O objetivo é produzir um texto que tenha um clima de mistério e que desperte no leitor o desejo de desvendá-lo.

As produções deverão ser encenadas à comunidade escolar e familiares, na seção **Mãos à obra!**.

O QUE VAMOS ESCREVER?
↳ UM CONTO DE MISTÉRIO.

PARA QUEM VAMOS ESCREVER?
↳ PARA A COMUNIDADE ESCOLAR E PARA OS FAMILIARES.

PARA QUE VAMOS ESCREVER ESSE TEXTO?
↳ PARA ENCENAR AOS CONVIDADOS, NA SEÇÃO MÃOS À OBRA!.

PLANEJANDO

Vejam algumas orientações que vão ajudá-los a planejar o conto de mistério.

- Escolham o cenário onde a história vai ocorrer.
- Lembrem-se de que o ambiente deve ter características sombrias a ponto de deixar o leitor apreensivo.
- Façam uma lista de palavras e expressões que ajudem a criar o clima misterioso do conto.
- Pensem nos personagens que farão parte da história.
- Imaginem um mistério e criem um desfecho mostrando como esse mistério foi desvendado.

PRODUZINDO O CONTO DE MISTÉRIO

Chegou o momento de escrever o conto. Para isso, utilizem as páginas para rascunho e vejam as dicas a seguir.

- Comecem o texto descrevendo o cenário.
- Em seguida, apresentem os personagens.
- Incluam vários diálogos para tornar a história mais dinâmica.
- Lembrem-se de usar palavras e expressões que causem um clima de mistério.
- Ao final, o mistério deverá ser desvendado e o desfecho poderá ser surpreendente.

Produzam o conto mantendo o clima de mistério até o final.

AVALIANDO O CONTO DE MISTÉRIO

Façam a revisão para conferir se seguiram todas as orientações.

AVALIAÇÃO	SIM	NÃO
O CENÁRIO ESCOLHIDO DEIXA O LEITOR APREENSIVO?		
OS PERSONAGENS FORAM CARACTERIZADOS DE ACORDO COM A HISTÓRIA?		
AS AÇÕES E AS FALAS DOS PERSONAGENS ESTÃO COERENTES?		
O MISTÉRIO FOI MANTIDO NO DECORRER DA NARRATIVA?		
O MISTÉRIO FOI DESVENDADO?		
O TÍTULO FICOU ADEQUADO AO CONTO DE MISTÉRIO?		

Corrijam o que for indicado pelo professor e reescrevam o texto nas páginas 69 e 70, reservadas à versão final. É importante que todos do grupo registrem o texto em seus livros.

MÃOS À OBRA! NA SEÇÃO **MÃOS À OBRA!**, A TURMA VAI ENCENAR OS CONTOS DE MISTÉRIO PRODUZIDOS.

RASCUNHO

VERSÃO FINAL

MÃOS À OBRA!

ENCENAR CONTO DE MISTÉRIO

Agora, vocês vão encenar o conto de mistério que produziram. Essa encenação será apresentada para os familiares e para a comunidade escolar.

Para organizar esse evento na escola, sigam as etapas abaixo.

1ª ETAPA

PLANEJAMENTO DA ENCENAÇÃO

- Escolham coletivamente o nome do evento. Ele pode se chamar **Noite do Arrepio**, por exemplo.
- Decidam com o professor a data, o horário e o local do evento. Escolham um espaço que acomode os convidados de forma confortável e no qual vocês possam encenar os movimentos com liberdade.
- Criem um modelo de convite para o evento. Cada grupo pode dar ideias de ilustrações e textos para compor o convite e a turma toda pode escolher quem vai produzi-lo.
- Façam cópias e distribuam os convites para o público com certa antecedência.

"Venha assistir às encenações na Noite do Arrepio"

Dia _____, às _____ h

Local: _____

_____
(nome da turma)

2ª ETAPA

PREPARANDO A ENCENAÇÃO

- Reúna-se com os outros alunos do grupo e distribuam os papéis dos personagens entre os integrantes do grupo. Escolham um integrante para ser o narrador.
- Escolham o figurino. Decidam como os personagens serão caracterizados: roupas, maquiagem, acessórios etc. Lembrem-se de que não precisa ser nada exagerado. 
- Escolham uma música para ajudar a construir um clima de mistério.
- Decorem o local da apresentação. Usem caixas, panos, papéis, figuras, entre outros recursos que contribuam para que o cenário fique com um ar misterioso, deixando-o de acordo com a história que vocês criaram.
- Todos os alunos que farão a encenação devem decorar suas respectivas falas. Se tiverem dificuldade, deverão pedir auxílio ao professor.
- Ensaiem nos horários combinados com o professor.

3ª ETAPA

REALIZANDO A ENCENAÇÃO

- Usem os recursos que vocês planejaram para conferir ao conto um ar de mistério.
- Empreguem um tom de voz adequado a cada momento da história e articulem bem as palavras de modo que todos ouçam o que vocês estão dizendo.
- Usem expressões faciais e movimentos de acordo com a cena da história.
- Evitem ficar de costas para a plateia.
- Ao final da encenação, agradeçam pelos aplausos que receberão.

AVALIAÇÃO

Após a apresentação, façam com a ajuda do professor uma avaliação da atividade com base nas questões a seguir.

- A dramatização estava coerente com o texto escrito?
- Qual foi a reação da plateia ao assistir a história encenada?
- As roupas, a maquiagem e a música reforçaram o clima de mistério?
- Foram empregadas expressões faciais e corporais coerentes com as cenas?

Finalmente, conversem sobre como foi realizar essa atividade. Façam os seguintes apontamentos:

- quais foram os momentos mais interessantes da encenação;
- quais aspectos devem ser melhorados para uma próxima encenação.

UNIDADE

3 DIREITOS PARA TODOS

Nesta unidade, você vai estudar as principais características dos gêneros **infográfico** e **anúncio institucional**. Depois, vai produzir um anúncio institucional e criar um infográfico.

BOM TRABALHO!

A Observe a cena da fotografia e descreva o que as crianças estão fazendo.

B O menino retratado na imagem é cadeirante. No dia a dia, pessoas como ele enfrentam algumas dificuldades para se locomover. Quais são essas dificuldades?

C Você conhece lugares que foram adaptados para essas pessoas se locomoverem melhor?

75

CAPÍTULO 5 — UM LUGAR ACESSÍVEL

LENDO

A acessibilidade visa garantir às pessoas com deficiência o acesso a qualquer lugar, com segurança e independência. Cite um lugar que você tenha visto que seja adaptado às necessidades dessas pessoas. E na escola, quais adaptações você acha que deve haver para as pessoas com deficiência?

O texto a seguir é um **infográfico**. Ele mostra como a acessibilidade deve ocorrer na escola. Você sabe para que serve esse texto?

Leia-o para conhecer esse gênero textual.

NA ESCOLA, ACESSIBILIDADE É...

- Ter a oportunidade de aprender LIBRAS (Língua Brasileira de Sinais) para a melhor comunicação com alunos surdos.
- Ter uma biblioteca com livros em braile, audiolivros, materiais em LIBRAS, para que todos os alunos possam acessar as informações.
- Disponibilizar brinquedos e criar atividades para desenvolver todos os sentidos.

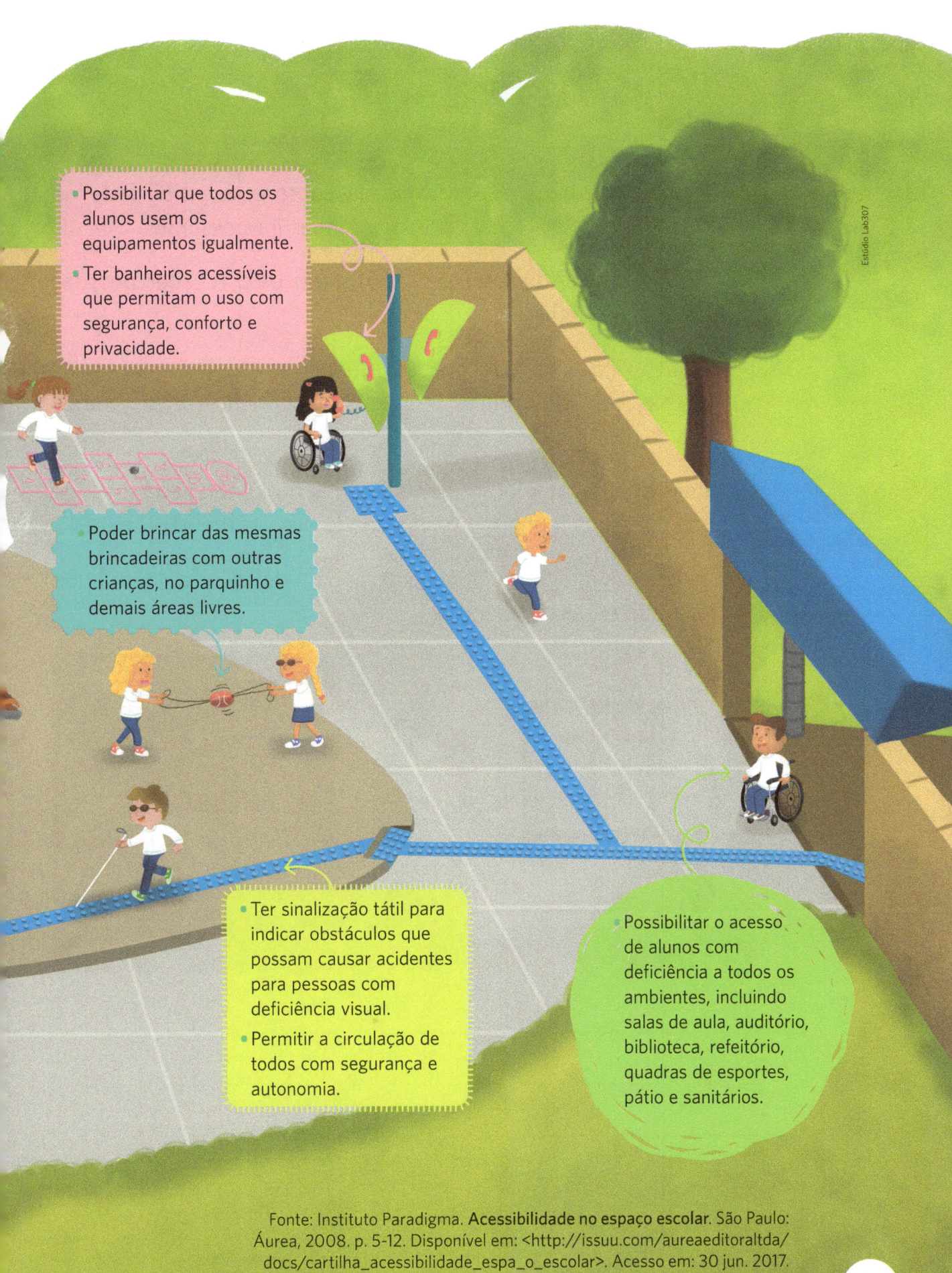

- Possibilitar que todos os alunos usem os equipamentos igualmente.
- Ter banheiros acessíveis que permitam o uso com segurança, conforto e privacidade.

- Poder brincar das mesmas brincadeiras com outras crianças, no parquinho e demais áreas livres.

- Ter sinalização tátil para indicar obstáculos que possam causar acidentes para pessoas com deficiência visual.
- Permitir a circulação de todos com segurança e autonomia.

- Possibilitar o acesso de alunos com deficiência a todos os ambientes, incluindo salas de aula, auditório, biblioteca, refeitório, quadras de esportes, pátio e sanitários.

Fonte: Instituto Paradigma. **Acessibilidade no espaço escolar**. São Paulo: Áurea, 2008. p. 5-12. Disponível em: <http://issuu.com/aureaeditoraltda/docs/cartilha_acessibilidade_espa_o_escolar>. Acesso em: 30 jun. 2017.

COMPREENDENDO O TEXTO

1. Você conhecia essas informações sobre a acessibilidade no ambiente escolar? Qual você achou mais interessante?

2. Em sua escola, o ambiente é adaptado para receber pessoas com deficiência?

3. O que você acha que precisa mudar na escola para que as pessoas com deficiência tenham independência e segurança para se movimentar?

4. Quais adaptações foram apresentadas no infográfico para que essas pessoas tenham uma qualidade de vida melhor?

5. Observe as imagens e veja pessoas com deficiência. Identifique quais são essas deficiências.

Ilustrações: Estúdio Lab307

78

6. Leia um trecho de uma história em quadrinhos e descubra os direitos conquistados pela **Turma da Febeca** na escola, após algumas solicitações.

ALGUNS DIAS DEPOIS...
AGORA SIM!
VOU CHEGAR PRIMEIRO!
BEBEDOUROS MAIS BAIXOS!
UM BALCÃO REBAIXADO!
PLACAS COM INFORMAÇÕES EM BRAILE!
APOIO NOS BANHEIROS!
TELEFONES ACESSÍVEIS!
A PALAVRA É ESSA, GENTE! TUDO TEM QUE SER ACESSÍVEL!
ACESSIBILIDADE É NOSSO DIREITO DE IR E VIR NUMA BOA, COMO QUALQUER PESSOA!
FIM

Victor Klier. O dia a dia de Febeca. Em: **A Turma da Febeca**: Acessibilidade na cidade. Secretaria Especial de Acessibilidade e Inclusão Social. Prefeitura Municipal de Porto Alegre, 2009. p. 11.

Quais dessas adaptações, feitas nessa escola, não aparecem no texto das páginas **76** e **77**? Contorne-as na HQ.

ESTUDANDO O INFOGRÁFICO

1. Para transmitir as informações sobre a acessibilidade, quais recursos foram empregados no infográfico? Pinte abaixo.

APENAS TEXTO VERBAL.

APENAS IMAGENS.

TEXTO VERBAL E IMAGENS.

2. Dos elementos que você pintou, qual aparece com maior destaque? Por que esse elemento é maior do que os outros?

_____

_____

_____

3. Observe os textos a seguir e assinale o que também é um infográfico.

A ◯

B ◯

Manga, *s.f.* Fruta que tem polpa fibrosa, caroço achatado e casca amarela ou avermelhada quando madura. **Mangueira** *s.f.* Man.ga

Geraldo Mattos. **Dicionário Júnior da língua portuguesa**. São Paulo: FTD, 2010. p. 475.

Os caçadores diurnos, como as águias e os gaviões, enxergam muito bem de longe. Acredita-se que o falcão-peregrino possa ver um pombo a mais de um quilômetro e meio de distância. Já as corujas, que caçam à noite, têm olhos adaptados para enxergar com pouca luz.

[...]

Cheias de truques. **Recreio**, São Paulo, Abril, ano 2, n. 102, p. 14, 21 fev. 2002.

QUE DESPERDÍCIO!

O ser humano desperdiça milhões de toneladas de comida e outros materiais aproveitáveis todos os anos. Se o uso fosse mais cuidadoso, todos no planeta poderiam ser alimentados com o equivalente ao que é jogado fora.

Para onde vai o lixo?
A maior parte dos materiais jogados no lixo todos os anos poderia ser reciclada. No entanto, é usada apenas uma vez, sendo em seguida incinerada ou descartada em aterros sanitários.

O DESTINO DO LIXO NO MUNDO
- 54% ATERROS SANITÁRIOS
- 24% RECICLADO
- 12% INCINERADO
- 8% COMPOSTAGEM
- 84% PODERIA SER RECICLADO

A CIDADE DE NOVA YORK PRODUZ 11.000 TONELADAS DE LIXO POR DIA
Ao longo de uma vida, 307 milhões de americanos produzirão 280 bilhões de metros cúbicos de lixo – o suficiente para cobrir todo o território dos EUA com uma camada de 2,5 cm de altura.

De um total de **29,8 bilhões** de garrafas pet, apenas **20%** são recicladas. Reciclar os outros **80%** traria um lucro de **1,2 bilhão de dólares**, se cada garrafa fosse recomprada a 5 centavos.

70% A produção de papel reciclado consome 70% a menos de energia do que a produção de papel a partir de novas matérias-primas.

1974 900 CALORIAS DIÁRIAS DESPERDIÇADAS POR PESSOA
HOJE 1.400 CALORIAS DIÁRIAS DESPERDIÇADAS POR PESSOA

2.000.000.000 de pessoas poderiam se alimentar com o que os EUA jogam fora a cada ano.

2,5 CM

A CIDADE DE GUIYU, NA CHINA, É UM ENORME CENTRO INDUSTRIAL DE RECICLAGEM DE COMPONENTES ELETRÔNICOS. A CADA ANO,
5.500 EMPRESAS DA CIDADE EMPREGAM CERCA DE **150.000** PESSOAS PARA DESMONTAR COMPUTADORES, CELULARES E OUTROS EQUIPAMENTOS ELETRÔNICOS.

8.300.000 toneladas de comida são desperdiçadas no Reino Unido a cada ano.

30,8% DE TODA A COMIDA COMPRADA NO REINO UNIDO É JOGADA FORA

Editora Sextante

Jon Richards. **O mundo em infográficos**. Tradução de Liliana Negrello e Orlei Negrello Filho. Rio de Janeiro: Sextante, 2013. p. 110-111.

4. Observe o infográfico das páginas **76** e **77** e o infográfico acima.

A. Os infográficos geralmente apresentam um título. Volte aos infográficos estudados e contorne o título de cada um deles.

B. Em que o título auxilia o leitor?

_____

5. Com base nos infográficos estudados, marque **V** (verdadeiro) ou **F** (falso) nas informações sobre a parte não verbal.

○ É composta apenas por ilustrações.

○ É composta por fotografias e ilustrações.

○ É composta apenas por fotografias.

6. É possível transmitir informações sobre os mais diversos assuntos por meio de infográficos. Observe.

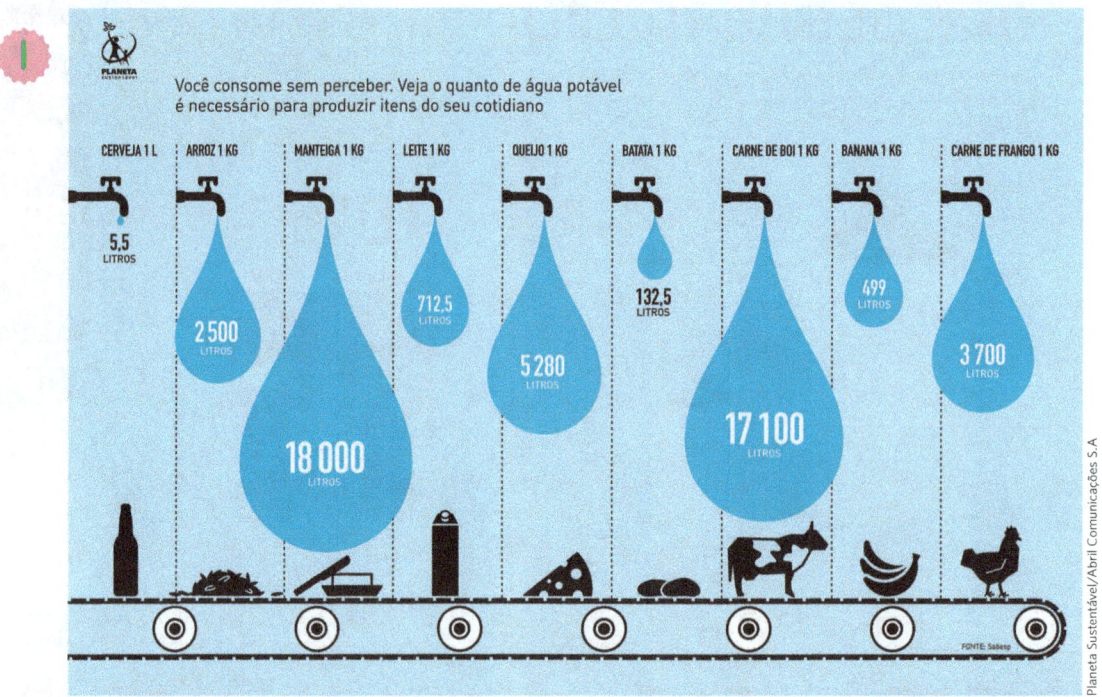

I

Você consome sem perceber. Veja o quanto de água potável é necessário para produzir itens do seu cotidiano

CERVEJA 1 L	ARROZ 1 KG	MANTEIGA 1 KG	LEITE 1 KG	QUEIJO 1 KG	BATATA 1 KG	CARNE DE BOI 1 KG	BANANA 1 KG	CARNE DE FRANGO 1 KG
5,5 LITROS	2 500 LITROS	18 000 LITROS	712,5 LITROS	5 280 LITROS	132,5 LITROS	17 100 LITROS	499 LITROS	3 700 LITROS

FONTE: Sabesp

Florestal Brasil. Disponível em: <www.florestalbrasil.com/2016/09/conceitos-o-que-e-agua-virtual.html>. Acesso em: 3 jul. 2017.

II

O CAFÉ DA MANHÃ É A REFEIÇÃO MAIS IMPORTANTE DO DIA E TAMBÉM A MAIS IGNORADA PELAS CRIANÇAS. VEJA OS PRINCIPAIS MOTIVOS.

- 46% DAS CRIANÇAS NÃO TOMAM CAFÉ DA MANHÃ.
- A MAIORIA DAS CRIANÇAS NÃO GOSTA DE COMER AO ACORDAR.
- ALGUMAS CRIANÇAS NÃO TÊM HORÁRIO DEFINIDO PARA SE ALIMENTAR.
- OUTRAS CRIANÇAS ACORDAM PERTO DO HORÁRIO DO ALMOÇO.

Fonte de pesquisa: **Jornal Joca**. Disponível em: <https://jornaljoca.com.br/portal/46-das-criancas-brasileiras-pulam-o-cafe-da-manha/>. Acesso em: 3 jul. 2017.

A. Escreva a qual infográfico cada título a seguir se refere.

◯ Crianças brasileiras pulam o café da manhã

◯ A água que você não vê

B. Nos infográficos, as imagens são acompanhadas de textos verbais que complementam as informações. Esses textos verbais são longos ou são curtos e objetivos?

_____

7. Relacione as partes do infográfico descritas abaixo com as partes destacadas na imagem.

- (A) Texto sobre o uso de carros.
- (B) Texto sobre o uso de bicicletas.
- (C) Título do infográfico.
- (D) Texto sobre o uso do transporte coletivo.
- (E) Texto que complementa o título.

DÁ PARA NOTAR A DIFERENÇA?

As ruas continuam do mesmo tamanho e o número de pessoas que precisam se locomover também. Mas os meios de transporte apenas se multiplicam, assim como o trânsito

30 PESSOAS

Quanto mais pessoas optarem pelo transporte **coletivo**, menos congestionamentos haverá nas ruas. Consequentemente, menos gases causadores do aquecimento global serão emitidos.

Além de ocupar menos espaço na cidade, a **bicicleta** não polui o ar e proporciona um ótimo exercício. Pedalar por pelo menos meia hora todos os dias pode aumentar a expectativa de vida em quatro anos.

Usar o **carro** apenas quando for realmente necessário pode ser uma boa saída para descomplicar o trânsito da cidade. Aproveite para dar carona aos amigos e vizinhos e mantenha seu veículo sempre regulado.

Dá para notar a diferença? **Planeta Sustentável**. Disponível em: <http://planetasustentavel.abril.com.br/infograficos/>. Acesso em: 10 fev. 2015.

PRODUÇÃO — PRODUZINDO UM INFOGRÁFICO

Neste capítulo, você viu como os infográficos são organizados e descobriu que existe uma maneira diferente de apresentar informações.

Agora, você e um colega da turma vão montar um infográfico.

O QUE VAMOS ESCREVER?
↳ UM INFOGRÁFICO SOBRE CUIDADOS PARA ANDAR DE BICICLETA COM MAIS SEGURANÇA.

PARA QUEM VAMOS ESCREVER?
↳ PARA AS PESSOAS DO BAIRRO ONDE MORAMOS.

COMO O TEXTO SERÁ DIVULGADO?
↳ SERÁ FIXADO EM ESTABELECIMENTOS COMERCIAIS OU LOCAIS PÚBLICOS DO BAIRRO ONDE MORAMOS.

PLANEJANDO

Vejam algumas orientações para criarem o infográfico.

- Listem, a seguir, como vão compor cada parte dele.

TÍTULO — DEVE SER OBJETIVO E DAR IDEIA DO ASSUNTO QUE SERÁ APRESENTADO.	
TEXTO VERBAL — GERALMENTE CURTO E DISTRIBUÍDO PELO INFOGRÁFICO, DE MODO A FICAR PRÓXIMO DA RESPECTIVA IMAGEM.	
TEXTO NÃO VERBAL — APARECE COM MAIOR DESTAQUE E, GERALMENTE, É BEM COLORIDO.	

- Pensem nas informações que devem aparecer no infográfico. Vejam algumas sugestões.

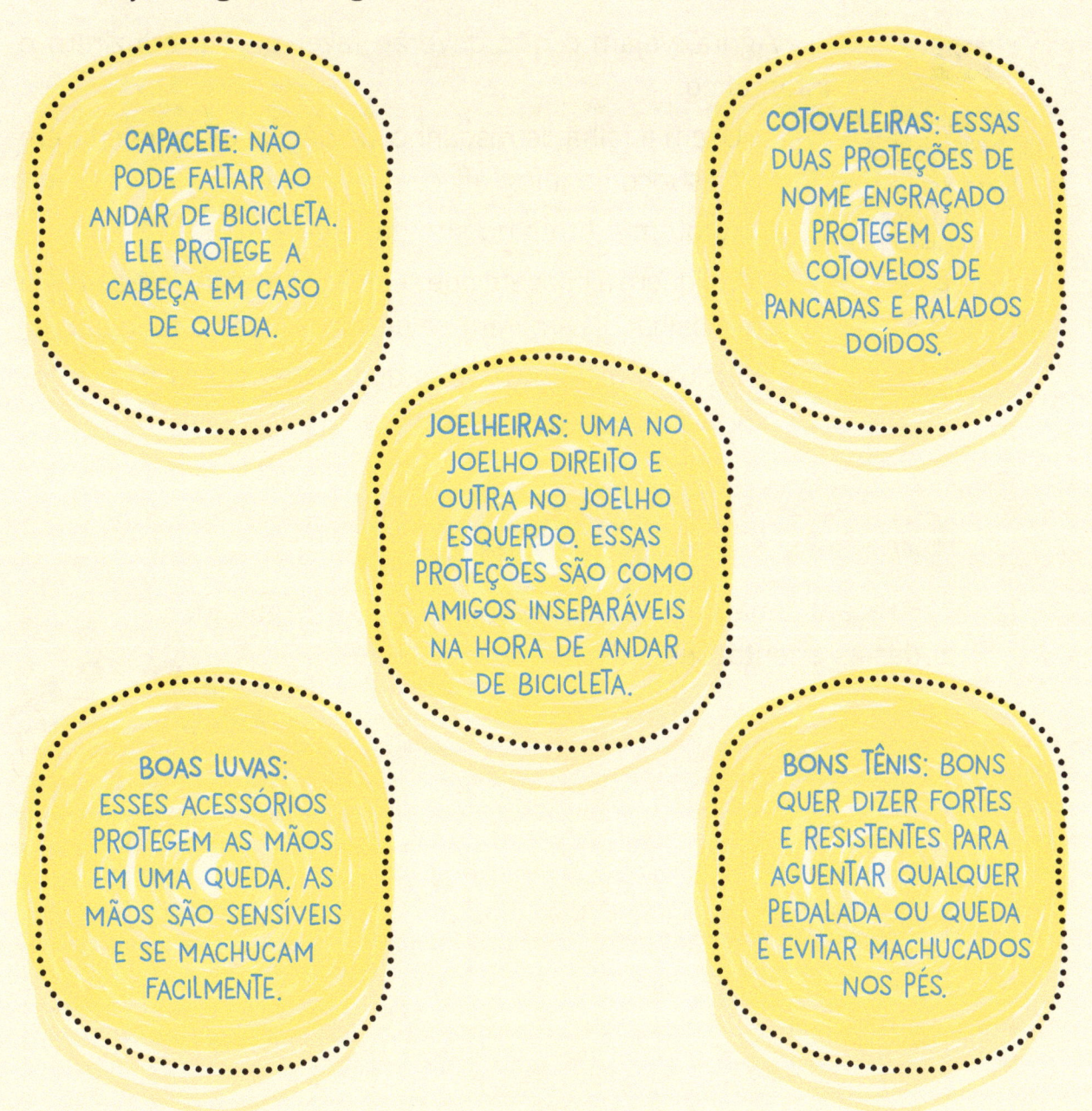

CAPACETE: NÃO PODE FALTAR AO ANDAR DE BICICLETA. ELE PROTEGE A CABEÇA EM CASO DE QUEDA.

COTOVELEIRAS: ESSAS DUAS PROTEÇÕES DE NOME ENGRAÇADO PROTEGEM OS COTOVELOS DE PANCADAS E RALADOS DOÍDOS.

JOELHEIRAS: UMA NO JOELHO DIREITO E OUTRA NO JOELHO ESQUERDO. ESSAS PROTEÇÕES SÃO COMO AMIGOS INSEPARÁVEIS NA HORA DE ANDAR DE BICICLETA.

BOAS LUVAS: ESSES ACESSÓRIOS PROTEGEM AS MÃOS EM UMA QUEDA. AS MÃOS SÃO SENSÍVEIS E SE MACHUCAM FACILMENTE.

BONS TÊNIS: BONS QUER DIZER FORTES E RESISTENTES PARA AGUENTAR QUALQUER PEDALADA OU QUEDA E EVITAR MACHUCADOS NOS PÉS.

- Após organizarem essas informações, pensem em que tipo de imagem vocês vão usar no infográfico. Pode ser uma fotografia, uma ilustração, uma colagem etc. Usem a criatividade.
- As cores são uma das características marcantes de um infográfico. Escolham cores diferentes que chamem a atenção.
- Um infográfico normalmente apresenta **setas** ou **marcadores** (letras ou números) que ligam o texto verbal às imagens. Escolham a melhor opção para o infográfico de vocês.

PRODUZINDO O INFOGRÁFICO

Agora, vejam o que deverão fazer para produzirem o infográfico.

- Escolham a orientação para o infográfico: na horizontal ou na vertical?
- Usem letras maiores para o título.

- Usem a folha de rascunho, na página 87, para criarem o esboço do infográfico.
- Anotem o título no alto da página.
- Indiquem a imagem que se relaciona ao título e ao tema trabalhado. Lembrem-se de usarem cores chamativas.
- Incluam as informações que devem constar no infográfico. Vejam as sugestões da página anterior.

AVALIANDO O INFOGRÁFICO

Façam uma revisão para verificarem se seguiram todas as orientações.

AVALIAÇÃO	SIM	NÃO
OS TEXTOS ESTÃO RELACIONADOS À IMAGEM?		
A IMAGEM USADA ESTÁ ADEQUADA AO TEMA?		
O INFOGRÁFICO ESTÁ COLORIDO?		
AS SETAS OU OS MARCADORES FORAM EMPREGADOS CORRETAMENTE?		

Corrijam o que for necessário e refaçam o infográfico na página 89, reservada à versão final.

Depois que os infográficos estiverem prontos, sob a orientação do professor, façam uma exposição na sala de aula. Após um período, combinem com o professor como eles serão fixados no bairro onde moram.

RASCUNHO

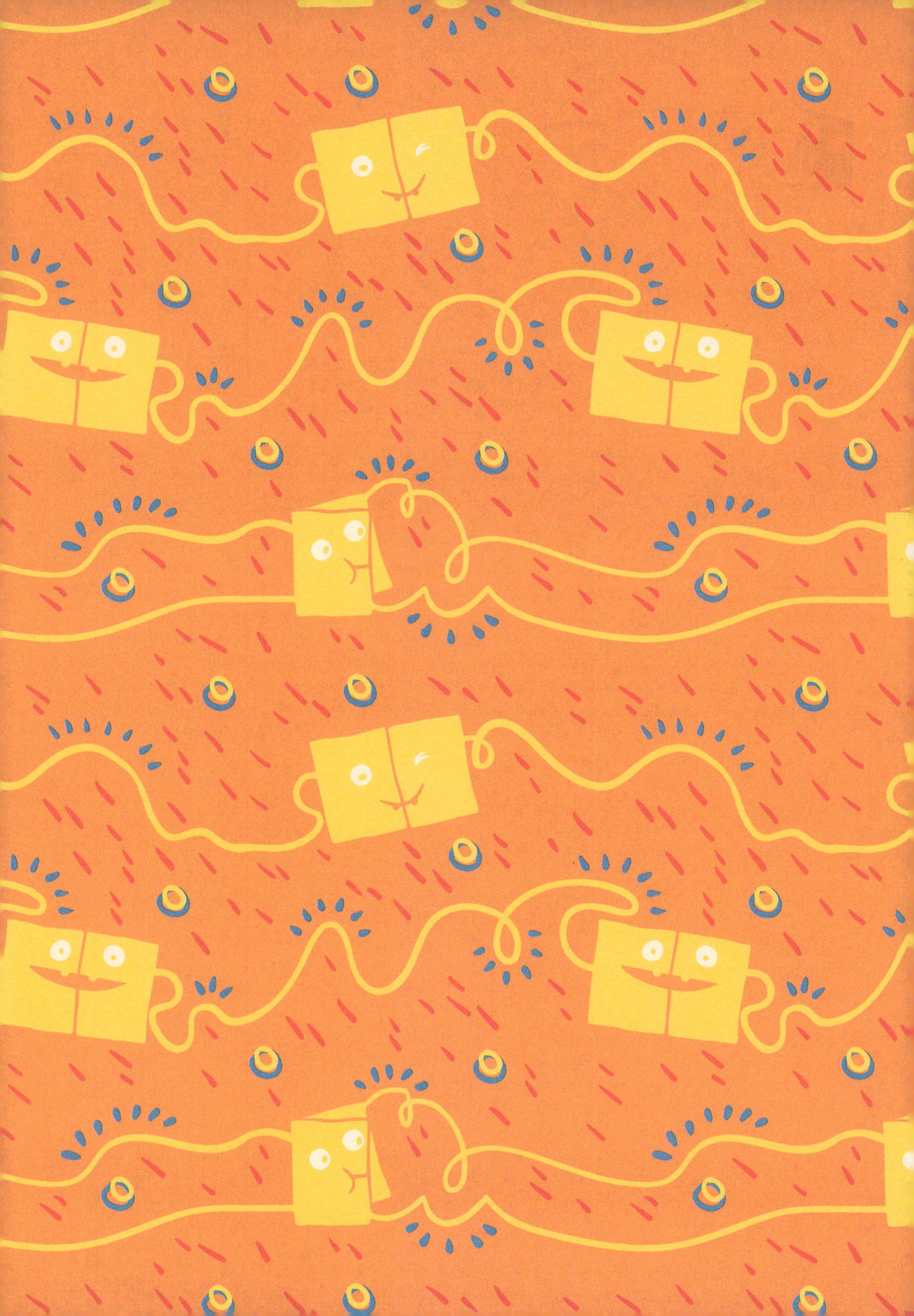

VERSÃO FINAL

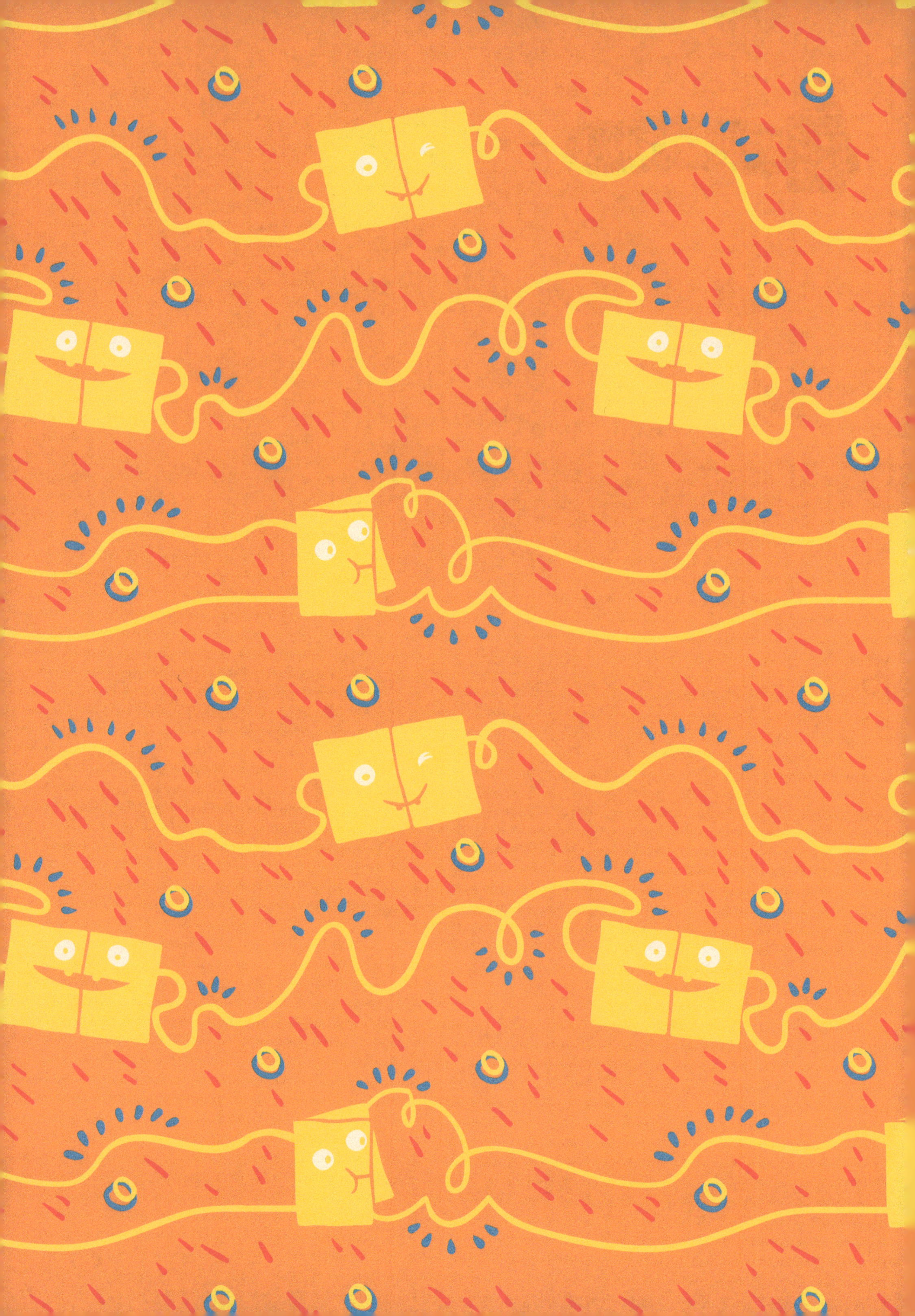

CAPÍTULO 6 — ACESSIBILIDADE É...

LENDO

De que forma podemos incentivar as pessoas a pensar mais em quem tem alguma deficiência?

O anúncio a seguir trata da acessibilidade e mostra uma forma de melhorar a vida das pessoas com deficiência. Leia-o.

CAMPANHA CALÇADAS LIVRES

ACESSIBILIDADE
VOCÊ FAZ SUA PARTE E AJUDA A INCLUIR.

Realização: Ministério Público do Estado de Rondônia. CONFEA. CREA-RO. IAB. Prefeitura Municipal de Porto Velho (RO)

Anúncio da campanha **Calçadas Livres**, do Ministério Público do Estado de Rondônia, 2011.

COMPREENDENDO O TEXTO

1. Em sua opinião, o anúncio da página anterior chama a atenção? Por quê?

2. No texto que aparece na parte de baixo do anúncio há a seguinte frase: "Acessibilidade, você faz sua parte e ajuda a **incluir**.". Com que sentido a palavra destacada foi usada? Comente.

3. Releia este trecho do anúncio. Que ideia é transmitida com a palavra **livres**?

4. Como são as calçadas na sua cidade ou no seu bairro?

5. Observe abaixo um detalhe da calçada ilustrada no anúncio.

   A. Como é o meio-fio ou a guia de acesso à calçada?
   B. Em sua opinião, esse rebaixamento facilita o acesso à calçada? Explique.
   C. Agora, observe o revestimento especial indicado pela seta. Esse piso chama-se **piso tátil**. A quem esse tipo de piso beneficia? Como isso ocorre?

6. Releia este trecho do anúncio.

ACESSIBILIDADE
VOCÊ FAZ SUA PARTE E AJUDA A INCLUIR.

Ministério Público do Estado de Rondônia. CREA-RO/CONFEA. IAB. Prefeitura Municipal de Porto Velho (RO)

A. A quem esse anúncio é destinado?

◯ Aos pedestres.   ◯ Ao público em geral.

◯ Às pessoas com deficiência.

B. Como as pessoas podem contribuir para a inclusão de quem tem alguma deficiência? Escreva, pelo menos, duas maneiras.

_____

_____

_____

ESTUDANDO O ANÚNCIO INSTITUCIONAL

1. O anúncio institucional é produzido com alguns objetivos. Pinte as informações que se referem aos objetivos do anúncio lido.

- INSTRUIR COMO CONSTRUIR CALÇADAS COM PISOS TÁTEIS.
- LEVAR AS PESSOAS A REFLETIR SOBRE A IMPORTÂNCIA DA ACESSIBILIDADE.
- RELATAR COMO É O COTIDIANO DAS PESSOAS COM DEFICIÊNCIA.
- CONSCIENTIZAR O PÚBLICO EM GERAL SOBRE COMO PODE COLABORAR PARA TORNAR OS LOCAIS PÚBLICOS ACESSÍVEIS ÀS PESSOAS COM DEFICIÊNCIA.

2. O anúncio lido é chamado de **institucional** porque é uma divulgação de uma ou mais instituições públicas. Contorne no anúncio as instituições responsáveis pela divulgação da campanha.

> Em geral, esse tipo de anúncio é veiculado por meio de cartazes, que são expostos em locais de grande circulação de pessoas.

3. Os anúncios institucionais, geralmente, são fixados em paredes ou murais.

   A. Contorne no diagrama dez locais onde são veiculados.

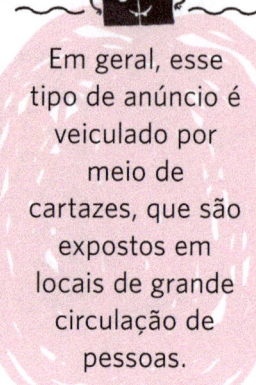

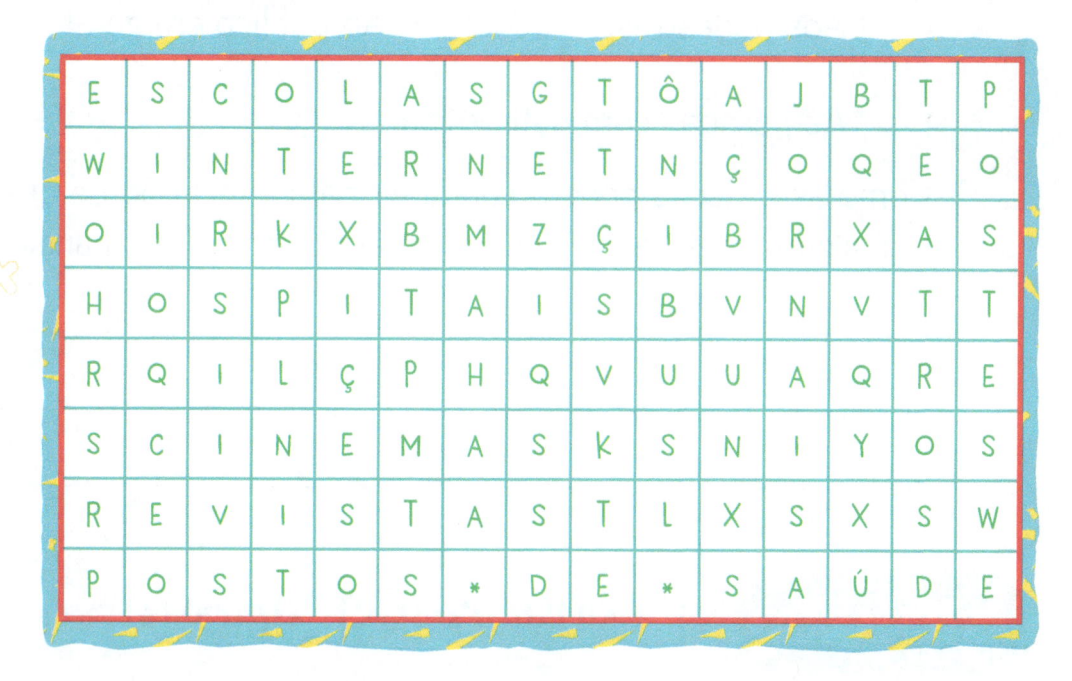

E	S	C	O	L	A	S	G	T	Ô	A	J	B	T	P
W	I	N	T	E	R	N	E	T	N	Ç	O	Q	E	O
O	I	R	K	X	B	M	Z	Ç	I	B	R	X	A	S
H	O	S	P	I	T	A	I	S	B	V	N	V	T	T
R	Q	I	L	Ç	P	H	Q	V	U	U	A	Q	R	E
S	C	I	N	E	M	A	S	K	S	N	I	Y	O	S
R	E	V	I	S	T	A	S	T	L	X	S	X	S	W
P	O	S	T	O	S	*	D	E	*	S	A	Ú	D	E

   B. Em quais desses locais você já viu um anúncio como o da página 91? Pinte-os.

4. Quais são as principais características do anúncio institucional em estudo? Marque.

   ○ Tem imagens e palavras.

   ○ Vende algum tipo de produto.

   ○ Nunca apresenta imagens, somente palavras.

   ○ Educa e alerta as pessoas sobre assuntos de interesse público, como acessibilidade, sustentabilidade, saúde etc.

5. Um anúncio institucional apresenta dois tipos de linguagem: verbal (palavras) e não verbal (imagens).

A. No anúncio da página 91, qual dessas linguagens aparece com maior destaque?

_____

B. Por que é importante essa linguagem estar em destaque?

_____

_____

6. Os anúncios institucionais são produzidos para educar e alertar as pessoas sobre um ou mais temas.

A. Observe atentamente os dois anúncios institucionais a seguir.

A

Anúncio da campanha **Estacione Consciente**, da Prefeitura Municipal de Jundiaí, 2013.

B

Anúncio da campanha do **Dia da Pessoa com Deficiência Física**, do Ministério da Saúde, 2015.

Quais são os temas destes dois anúncios?

_____

_____

95

B. Para que um anúncio atinja o seu objetivo, é necessário que a imagem seja adequada ao tema. Observe as imagens abaixo. Qual delas pode ser utilizada em um anúncio que alerte sobre o problema do desmatamento?

c. Relacione a imagem que seria adequada para cada um dos seguintes temas de anúncios.

1 RECICLAGEM   2 POLUIÇÃO DAS ÁGUAS   3 POLUIÇÃO DO AR

97

7. Os anúncios institucionais apresentam títulos que chamam a atenção do leitor.

A. Copie o título do anúncio da página **91**.

_____

B. Marque a característica que não se aplica a esses títulos.

◯ Esclarecem qual é a mensagem veiculada.

◯ Geralmente são bem extensos, com muito texto.

◯ São escritos com letras maiores.

◯ Geralmente são escritos com cores e formatos diferentes dos demais textos que aparecem nos anúncios.

C. Observe os títulos e contorne aquele que poderia fazer parte de um anúncio institucional sobre meio ambiente.

A Formiga e o Tamanduá

A TURMINHA DA ANA

A Chapeuzinho Vermelho

ÁGUA é vida.
Não desperdice a sua VIDA.

PRODUÇÃO: CRIANDO UM ANÚNCIO INSTITUCIONAL

Você estudou quais são as principais características de um anúncio institucional. Viu que ele possui:

- TEMA
- TÍTULO
- IMAGEM
- TEXTO VERBAL

Observou também que o anúncio institucional tem como objetivo conscientizar o público em geral.

Agora, você vai escolher um tema interessante para a comunidade escolar e vai produzir um anúncio.

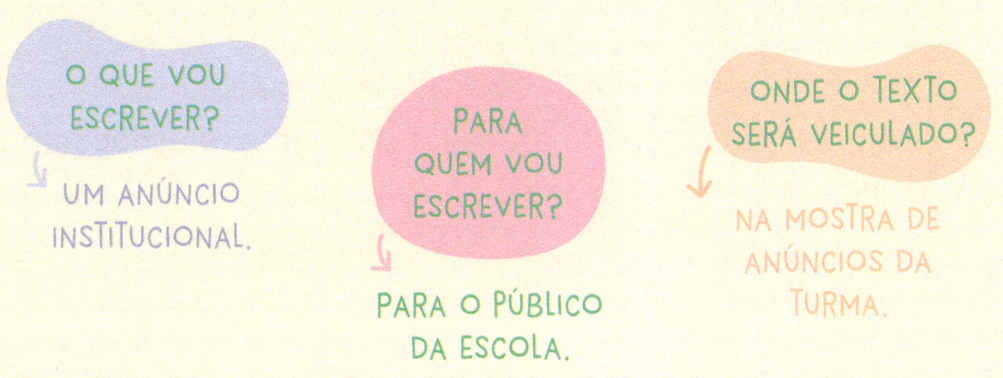

O QUE VOU ESCREVER?
↓
UM ANÚNCIO INSTITUCIONAL.

PARA QUEM VOU ESCREVER?
↓
PARA O PÚBLICO DA ESCOLA.

ONDE O TEXTO SERÁ VEICULADO?
↓
NA MOSTRA DE ANÚNCIOS DA TURMA.

PLANEJANDO

Para essa produção, acompanhe as orientações a seguir.

- Pense nas imagens que poderão auxiliá-lo a alcançar esse objetivo de alertar as pessoas.
- Crie o nome de uma instituição para inserir no seu anúncio.
- Pense no tema do anúncio e na mensagem que você quer transmitir. É necessário que o tema seja de interesse público e a forma como você vai abordá-lo deve ser impactante, esclarecedora e convincente.

wavebreakmedia/Shutterstock.com

99

- Veja abaixo alguns temas que você pode abordar no seu anúncio.

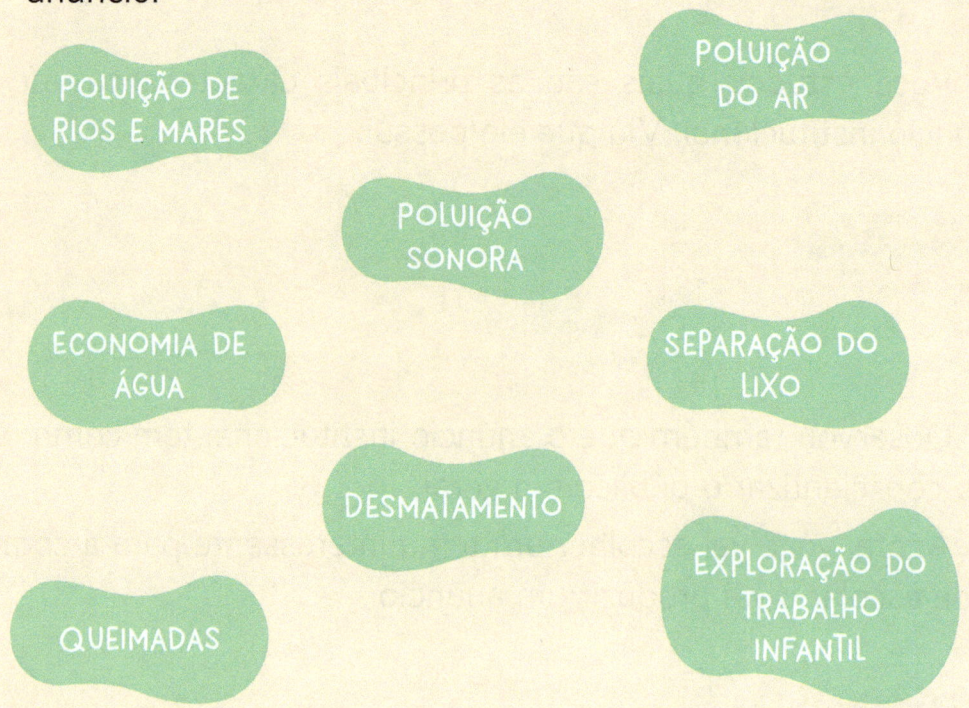

- POLUIÇÃO DE RIOS E MARES
- POLUIÇÃO DO AR
- POLUIÇÃO SONORA
- ECONOMIA DE ÁGUA
- SEPARAÇÃO DO LIXO
- DESMATAMENTO
- QUEIMADAS
- EXPLORAÇÃO DO TRABALHO INFANTIL

- Use o quadro a seguir para fazer um primeiro esboço do seu anúncio.

Lembre-se de que devem ser textos bem curtos e objetivos.

TÍTULO	
DESCRIÇÃO DA IMAGEM	
INFORMAÇÕES SOBRE O TEMA	

100

PRODUZINDO O ANÚNCIO INSTITUCIONAL

Agora, inicie a produção do anúncio. Na próxima página, você vai encontrar uma folha de rascunho, onde poderá fazer a primeira versão do texto e um esboço da imagem que o acompanhará.

Lembre-se das seguintes informações.

- A imagem deve aparecer em destaque.
- É preciso incluir o título do anúncio.
- Outros textos devem aparecer menos destacados que o título.

AVALIANDO O ANÚNCIO INSTITUCIONAL

Após finalizar o anúncio, faça uma revisão para verificar se você seguiu todas as orientações.

AVALIAÇÃO	SIM	NÃO
A IMAGEM APARECE EM DESTAQUE?		
HÁ UM TÍTULO QUE CHAMA A ATENÇÃO DO PÚBLICO PARA A MENSAGEM VEICULADA?		
O OBJETIVO DO SEU ANÚNCIO FICOU CLARO?		
O TEXTO ESCLARECE O OBJETIVO DO SEU ANÚNCIO?		

Corrija o que for necessário e finalize seu anúncio na página **103**, reservada à versão final, inserindo a(s) imagem(ns).

MÃOS À OBRA! NA SEÇÃO **MÃOS À OBRA!**, O SEU ANÚNCIO FARÁ PARTE DA **MOSTRA DE ANÚNCIOS DA TURMA**.

RASCUNHO

VERSÃO FINAL

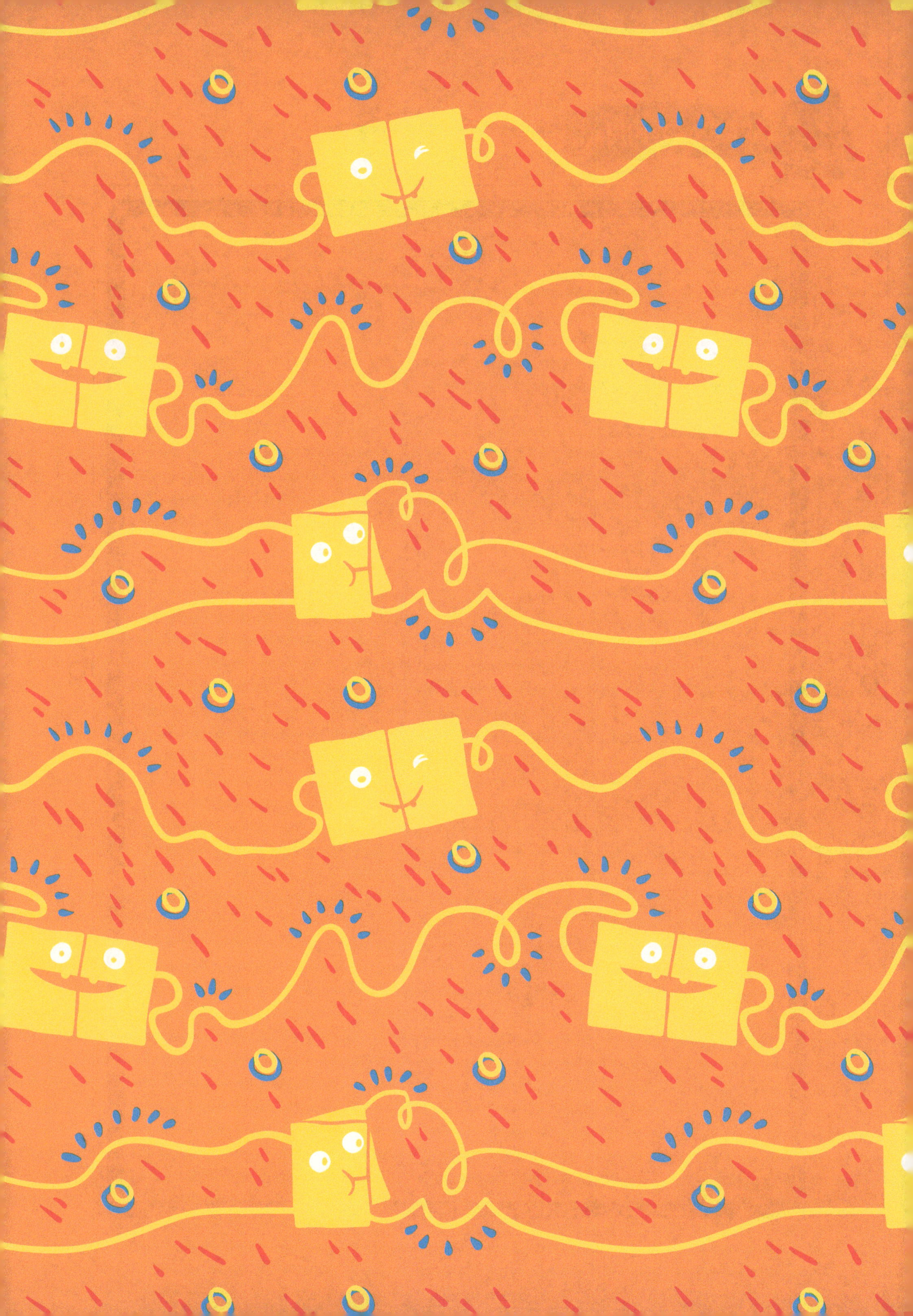

MÃOS À OBRA!

MOSTRA DE ANÚNCIOS DA TURMA

Você e seus colegas produziram anúncios. Agora, vão divulgá-los em uma **Mostra de Anúncios da Turma**.

Essa atividade será realizada em diversas etapas, vejam abaixo as instruções para colocá-las em prática.

1ª ETAPA

REUNIR O MATERIAL PRODUZIDO

- Recolham com o professor os anúncios produzidos.
- Verifiquem se eles precisam de algum ajuste. Observem se precisam melhorar a apresentação do texto ou da imagem.

SEPARAR OS ANÚNCIOS POR TEMAS

- Separem os anúncios por temas para que fiquem bem organizados na exposição.
- Após essa separação, criem placas identificando os temas para o público saber do que se trata cada conjunto de anúncios.

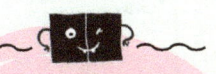

PRODUZIR UM CARTAZ

Produzam um cartaz convidando a comunidade escolar para conhecer a **Mostra de Anúncios da Turma**.

Incluam um título no cartaz que chame a atenção do público, como: **Visite a Mostra de Anúncios da Turma do 4º ano**.

Depois que o cartaz estiver pronto, encontrem locais de grande circulação de pessoas na escola para fixá-lo.

> Algumas informações são essenciais e precisam fazer parte do cartaz: assunto da Mostra, data, horário e local.
>
> Antes de criarem o cartaz, façam um esboço para não faltar nenhuma informação.

105

2ª ETAPA

O professor dividirá a turma em grupos. Cada grupo ficará responsável por uma tarefa. Assim, a **Mostra de Anúncios da Turma** será um sucesso!

ESCOLHA E PREPARAÇÃO DO LOCAL DA MOSTRA

GRUPO 1 ficará responsável por escolher o lugar da escola para realizar a Mostra. Esse grupo terá que:

- encontrar um lugar de grande circulação de pessoas, como um corredor, o pátio ou a biblioteca;
- preparar o local escolhido e verificar se nele há uma mesa para os convidados deixarem uma mensagem aos alunos e suportes ou espaço nas paredes para fixar os anúncios.
- acompanhar o grupo que fará a montagem dos cartazes e auxiliá-los no que for preciso.

ARRUMAÇÃO DOS CARTAZES NO LOCAL DA MOSTRA

GRUPO 2 ficará responsável por organizar os cartazes no local escolhido para a Mostra. Para isso, terá que:

- fixar os anúncios na parede ou em suportes para que a exposição fique parecida com uma Mostra de Arte;
- organizar os anúncios de acordo com os temas.

APRESENTAÇÃO DOS ANÚNCIOS

GRUPO 3 ficará responsável por fazer, com o professor, a abertura e o fechamento da Mostra. Para isso, terá que:

- na abertura, falar sobre o processo, apresentando a turma e dando algumas informações, como: "Nós somos alunos do quarto ano. Durante as aulas, elaboramos...";
- no fechamento, agradecer ao público pela participação: "Gostaríamos de agradecer a todos que compareceram à nossa Mostra de Anúncios...".

3ª ETAPA

DIA DA MOSTRA DE ANÚNCIOS DA TURMA

No dia da Mostra, os grupos deverão seguir algumas orientações.

- Procurem chegar no horário marcado pelo professor, caso não haja aula nesse dia.
- Durante a Mostra, não fiquem conversando ou se dispersando com os outros colegas.
- Escutem sempre as orientações do professor. Não deixem de procurá-lo se precisarem de algo.
- Aproveitem esse momento com alegria, mas lembrem-se de se comportarem educadamente (respeito, cuidado, atenção, paciência) com as pessoas.

Ao terminar a Mostra, todos os grupos deverão ajudar o professor a organizar e a limpar o local utilizado.

4ª ETAPA

AVALIAÇÃO

Em outra aula, a turma e o professor vão conversar sobre a realização das atividades, como foi a participação de todos e o que acharam do resultado.

UNIDADE

4 VIAJAR E SE AVENTURAR!

Nesta unidade, você vai estudar as principais características dos gêneros **diário pessoal** e **entrevista**. Depois, vai produzir uma página de diário e criar o roteiro para uma entrevista.

BOM TRABALHO!

A O que esta imagem retrata?

B Para você, viajar pode ser uma forma de aventura? Comente sua opinião.

C Quando viajamos, queremos contar às pessoas ou registrar os melhores momentos para nos lembrarmos deles sempre que quisermos. O que você faz para não se esquecer de uma viagem?

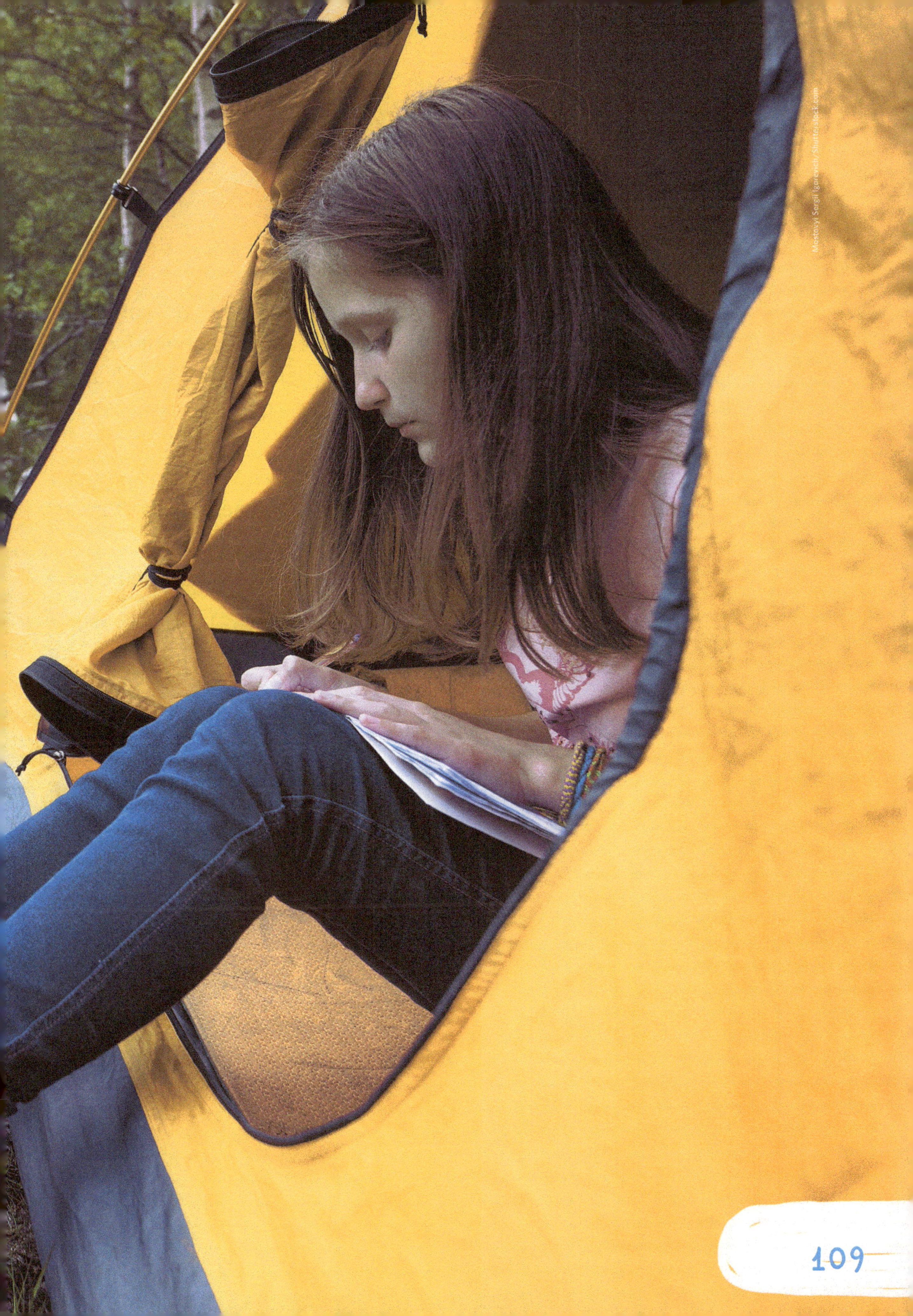

CAPÍTULO 7 — NÃO VEJO A HORA!

LENDO

Quando vamos fazer algo especial, gostamos de compartilhar com os amigos, não é mesmo? Já aconteceu de você planejar um passeio ou outro compromisso bem diferente e ficar na expectativa de que aconteça logo? Para quem você costuma contar o que vai fazer?

O texto a seguir é um trecho de uma página do diário de uma menina chamada Mariana. Você sabe o que as pessoas costumam escrever em um diário?

Leia o texto e descubra o que Mariana vai relatar em seu diário.

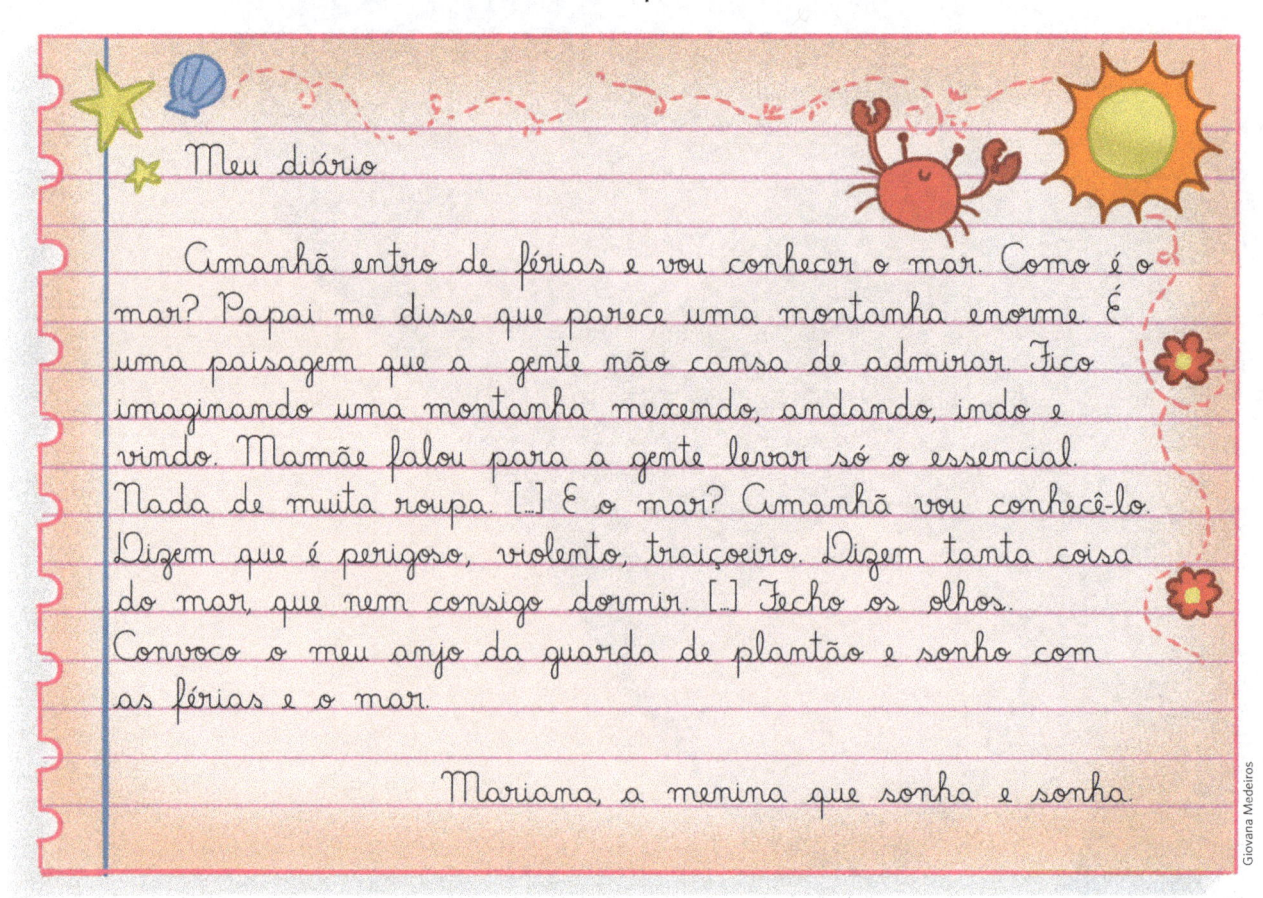

Meu diário

Amanhã entro de férias e vou conhecer o mar. Como é o mar? Papai me disse que parece uma montanha enorme. É uma paisagem que a gente não cansa de admirar. Fico imaginando uma montanha mexendo, andando, indo e vindo. Mamãe falou para a gente levar só o essencial. Nada de muita roupa. [...] E o mar? Amanhã vou conhecê-lo. Dizem que é perigoso, violento, traiçoeiro. Dizem tanta coisa do mar, que nem consigo dormir. [...] Fecho os olhos. Convoco o meu anjo da guarda de plantão e sonho com as férias e o mar.

Mariana, a menina que sonha e sonha.

Ronald Claver. **Dona palavra**. São Paulo: FTD, 2002. p. 42-44.

RONALD CLAVER

Nascido em Belo Horizonte, Minas Gerais, em 1946, começou a escrever poemas ainda jovem e, desde então, nunca mais parou. Já publicou mais de 20 livros e recebeu prêmios tanto no Brasil como em outros países.

COMPREENDENDO O TEXTO

1. O texto que você leu é um trecho de um **diário pessoal ficcional**. A personagem que escreve o diário é uma criança. De que forma é possível identificar isso no texto?

2. O que Mariana relatou nesse trecho do diário?

3. Quanto tempo antes de sair de férias a menina escreveu o diário? Que palavra ela usou para fazer essa indicação no trecho?

4. Em sua opinião, por que algumas pessoas escrevem os acontecimentos do seu dia a dia em diários?

5. Se você fosse escrever um diário, sobre o que escreveria?

6. Mariana imagina o mar como se fosse uma montanha se mexendo, nadando, indo e vindo. Como você descreveria o mar para a menina?

7. Que características do mar, comentadas por outras pessoas, fizeram Mariana sentir medo? Junte as sílabas da mesma cor para descobrir as palavras.

TRAI · RI · GO · ÇO · TO · O
LEN · EI · VI · PE · RO · SO

111

ESTUDANDO O DIÁRIO PESSOAL

1. Na vida real, as pessoas também escrevem diários. Leia o trecho de um diário escrito por uma garota durante o período em que vivenciou a guerra da Bósnia.

> Domingo, 20 de setembro de 1992
>
> *Dear* Mimmy,
>
> IUPII! **Atravessei** a ponte! **Saí** de casa! Nem **consigo** acreditar. A ponte continua igual, não mudou. Mas está tristíssima, por causa do antigo correio, que está com um aspecto mais triste. Continua no mesmo lugar, mas o fogo passou por ali. Está lá como testemunha de um desejo brutal de destruição.
>
> [...]
>
> Mimmy, **vou** confessar uma coisa a você. **Eu** tinha me arrumado toda. Tinha vestido **meu** lindo conjunto xadrez. Os sapatos estavam um pouco apertados porque **meus** pés cresceram, mas deu para aguentar.
>
> E aí está, foi **meu** reencontro com a ponte [...]. Tchau!
>
> Zlata.

Zlata Filipóvic. **O diário de Zlata**: a vida de uma menina na guerra. Tradução de Antônio de Macedo Soares e Heloisa Jahn. São Paulo: Companhia das Letras, 1994. p. 89-90.

A. Em que dia Zlata escreveu esse trecho?

_____

B. Nesse trecho, a menina conversa com seu diário, que apelidou de Mimmy. Como ela inicia essa conversa?

_____

C. Quem vivencia os fatos descritos nesse trecho do diário?

◯ A própria menina.   ◯ Outras pessoas.

D. As palavras em destaque no texto indicam que esse diário foi escrito em:

◯ 1ª pessoa   ◯ 3ª pessoa.

2. Releia abaixo dois trechos dos diários apresentados nas páginas anteriores.

Amanhã entro de férias e vou conhecer o mar.

IUPII! Atravessei a ponte! Saí de casa! Nem consigo acreditar.

A. Relacione as colunas abaixo de acordo com os acontecimentos descritos acima.

OS FATOS RELATADOS POR MARIANA:

OS FATOS RELATADOS POR ZLATA:

JÁ ACONTECERAM.

AINDA VÃO ACONTECER.

B. Com base na questão anterior, assinale a alternativa correta sobre o tempo dos fatos relatados em um diário.

◯ São relatados somente fatos que já aconteceram.

◯ São relatados somente fatos que ainda vão acontecer.

◯ São relatados fatos que já aconteceram, que estão acontecendo ou que ainda vão acontecer.

3. Diferente de Zlata, Mariana não indicou o dia em que escreveu no diário. Releia o trecho da página **110** e contorne abaixo qual seria a data mais adequada para ela indicar.

| 15 DE DEZEMBRO | 17 DE MAIO | 30 DE ABRIL |

4. Mariana se despede com a assinatura "Mariana, a menina que sonha e sonha". Agora, crie uma despedida para o diário de Zlata com base no contexto vivido por ela.

_____

113

5. Leia o texto a seguir, em que uma personagem chamada Serafina decide que vai escrever um diário.

> Caderno é caderno, diário é diário. [...]
>
> O que eu quero dizer é que vou usar o caderno para falar o que me der na cabeça e na vontade. E, através dele, vou fazer de conta que estou conversando com várias pessoas ao mesmo tempo.
>
> Agora, com o diário vai ser diferente.
>
> Para ele, vou contar coisas íntimas, segredos, enfim, tudo o que eu não quiser que ninguém saiba. O diário vai ser meu confidente. [...]

Cristina Porto. **Serafina sem rotina**. São Paulo: Ática, 1995. p. 2.

A. Nesse texto, ficamos sabendo para que serve um diário pessoal. Sublinhe o trecho com essa explicação.

B. A personagem Serafina diz que vai contar ao diário coisas que ela não quer que ninguém saiba. Sabendo disso, quem poderá ler o diário?

_____

C. No final do texto, Serafina usa uma palavra para descrever o que o diário é para ela. Que palavra é essa?

_____

_____

D. Qual é o sentido dessa palavra?

○ Pessoa a quem nunca confiamos os mais secretos pensamentos.

○ Pessoa a quem confiamos os mais secretos pensamentos.

○ Pessoa que fala muito e de forma bastante rápida.

6. Um diário é como um amigo a quem podemos contar os fatos que consideramos importantes. Por isso, geralmente, ele recebe uma saudação inicial carinhosa, como "Querido diário". Leia mais dois trechos de diários pessoais ficcionais.

> Meu diariozinho do coração,
> As aulas começaram. A semana, mais curta, passou feito um raio! Nesses primeiros dias, correu tudo bem, sem nenhuma novidade. [...]

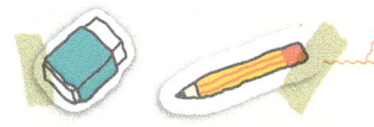

Cristina Porto. **A escolinha da Serafina**. São Paulo: Ática, 2005. p. 43.

> Companheiríssimo diário,
> Hoje foi aniversário do meu querido Romeu. Ele fez 3 anos. Fiquei lembrando tanta coisa... Quando o Romeu chegou em casa, era deste tamanhinho. [...]

Ziraldo. **Diário da Julieta**: as histórias mais secretas da Menina Maluquinha. São Paulo: Globo, 2006. p. 90.

A. Contorne as saudações que aparecem nesses trechos.

B. Agora, assinale outras formas de tratamento comumente usadas em um diário.

- ( ) Amado diário,
- ( ) Prezado senhor,
- ( ) Caro cliente,
- ( ) Meu diário,
- ( ) Querido amigo,
- ( ) Diarinho,

115

7. Em uma página de diário, podemos escrever sobre diferentes assuntos e expressar nossos sentimentos. Leia abaixo um trecho do diário de Fabiana, mais conhecida como Biloca, que gosta de escrever os acontecimentos do seu dia a dia.

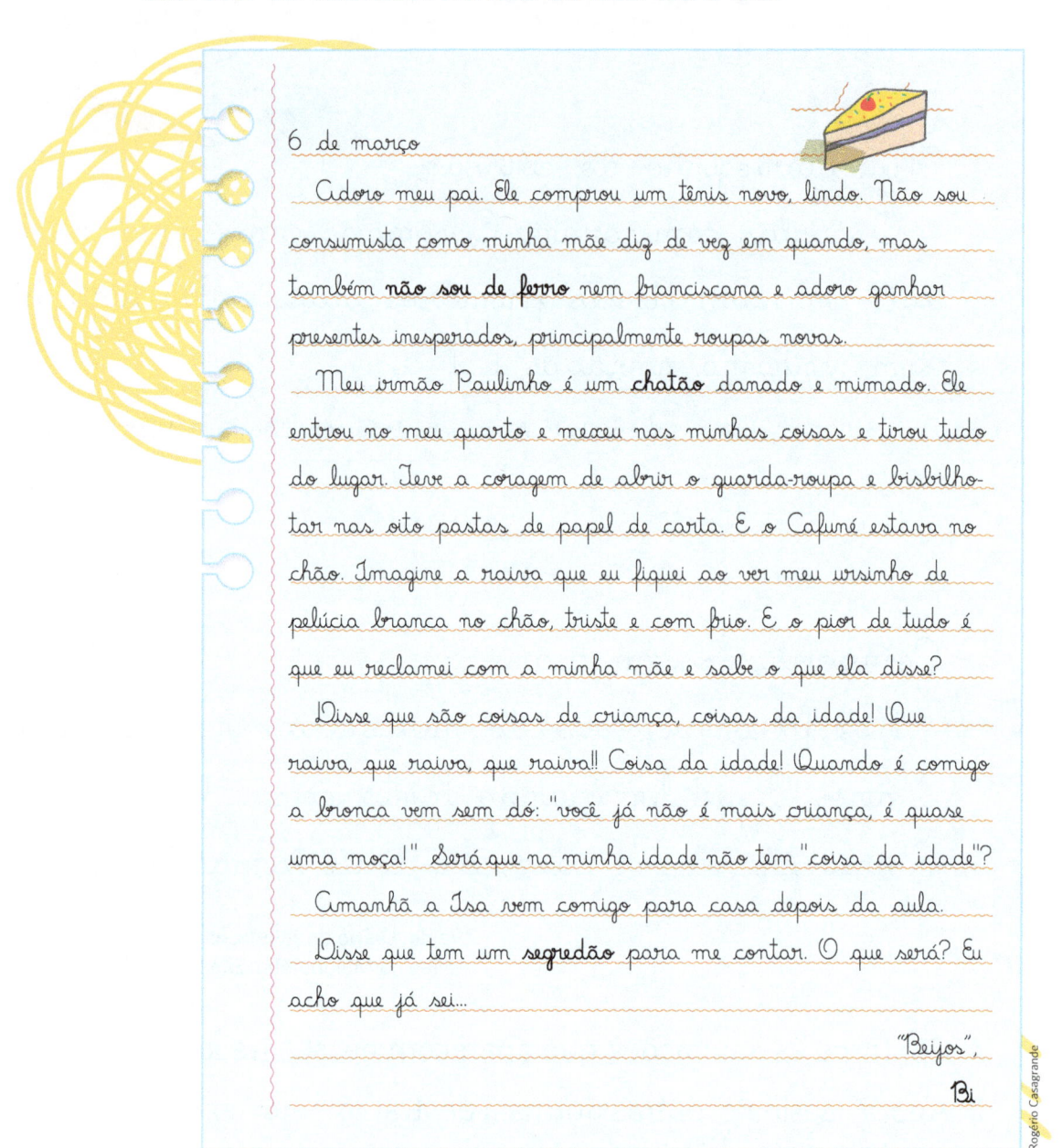

6 de março

Adoro meu pai. Ele comprou um tênis novo, lindo. Não sou consumista como minha mãe diz de vez em quando, mas também **não sou de ferro** nem franciscana e adoro ganhar presentes inesperados, principalmente roupas novas.

Meu irmão Paulinho é um **chatão** danado e mimado. Ele entrou no meu quarto e mexeu nas minhas coisas e tirou tudo do lugar. Teve a coragem de abrir o guarda-roupa e bisbilhotar nas oito pastas de papel de carta. E o Cafuné estava no chão. Imagine a raiva que eu fiquei ao ver meu ursinho de pelúcia branca no chão, triste e com frio. E o pior de tudo é que eu reclamei com a minha mãe e sabe o que ela disse?

Disse que são coisas de criança, coisas da idade! Que raiva, que raiva, que raiva!! Coisa da idade! Quando é comigo a bronca vem sem dó: "você já não é mais criança, é quase uma moça!" Será que na minha idade não tem "coisa da idade"?

Amanhã a Isa vem comigo para casa depois da aula.

Disse que tem um **segredão** para me contar. O que será? Eu acho que já sei...

"Beijos",

Bi

Edson Gabriel Garcia. **Diário de Biloca**. 23. ed. São Paulo: Atual, 2003. p. 15.

A. Sublinhe no texto palavras que a menina utiliza para expressar seus sentimentos.

B. As palavras em destaque indicam que a linguagem usada por Biloca é mais séria (formal) ou mais descontraída (informal)?

116

8. Agora, leia um trecho do diário de Greg, um menino que também relata seus sentimentos e aventuras diariamente.

> Domingo.
>
> Hoje, no carro, indo para a igreja, estava fazendo caretas para o Manny, tentando fazê-lo rir. Teve uma careta que o fez rir tanto que saiu suco de maçã pelo nariz dele.
>
> BUAH, HÁ, HÁ!
>
> Mas aí a mamãe disse:
>
> — Você podia ter matado seu irmão!
>
> Bom, depois que ela pôs essa ideia na cabeça do Manny, a diversão acabou.
>
> [...]
>
> Lembro de quando era menor e a mamãe e o papai me contaram que eu teria um irmãozinho.
>
> Fiquei MUITO animado.
>
> [...]

Jeff Kinney. **Diário de um banana**: Rodrik é o cara. Tradução de Antônio de Macedo Soares. Cotia: Vergara & Riba Editoras, 2009. p. 39-40.

A. Contorne o dia da semana em que o menino escreveu esse texto.

B. Qual palavra Greg utiliza para expressar o que sentiu ao saber que teria um irmãozinho?

_____

C. Em sua opinião, por que ele escreveu a palavra MUITO em letras maiúsculas?

_____

117

9. Uma página de diário pode ou não ser finalizada com uma expressão final (despedida).

   A. Copie a frase de despedida usada no texto de Biloca.
   _____

   B. Crie uma frase de despedida para o diário de Greg, na página 117.
   _____

10. Você viu que, em um diário, escrevemos aquilo que é importante para nós. Pense em um momento que viveu, que está vivendo ou que está próximo de acontecer que você anotaria em um diário. Escreva-o a seguir.

_____
_____
_____
_____
_____

PARA CONHECER MAIS

No livro **Diário da Julieta**: as histórias mais secretas da Menina Maluquinha, de Ziraldo, você vai conhecer o dia a dia de uma menina que está passando da infância para a adolescência e vivendo conflitos naturais dessa fase com muito humor.

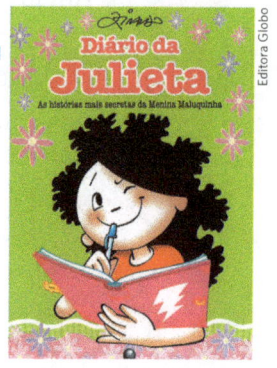

No livro **O Diário de Lelê**, de José Roberto Torero, você vai conhecer o Leocádio – Lelê –, um garoto muito esperto com um montão de histórias para contar. Tantas são as histórias que fez um diário na internet. Há histórias divertidas, histórias tristes, mas é certeza de que são todas muito legais, porque Lelê é um garoto esperto. Quer conhecê-lo?

PRODUÇÃO — ESCREVENDO UMA PÁGINA DE DIÁRIO

Neste capítulo, você conheceu algumas páginas de diários e viu as principais características desse gênero.

Agora, convidamos você a experimentar escrever uma página de diário. Quem sabe essa escrita possa fazer parte do seu cotidiano?

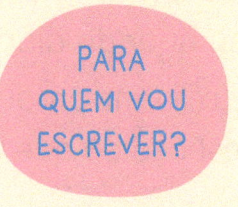

O QUE VOU ESCREVER?
UMA PÁGINA DE DIÁRIO.

PARA QUEM VOU ESCREVER?
PARA MIM MESMO (AS PÁGINAS DE UM DIÁRIO SÃO CONFIDENCIAIS E PERTENCEM SOMENTE A QUEM AS ESCREVE).

PLANEJANDO

Veja, a seguir, algumas orientações que vão ajudá-lo a produzir a página do seu diário.

- Pense no assunto sobre o qual vai escrever. Lembre-se de que pode escrever sobre o que quiser, como:
    - algo que já aconteceu, que está acontecendo ou ainda vai acontecer com você;
    - um momento especial vivido com amigos;
    - uma viagem recente;
    - uma festa muito especial;
    - um segredo que ninguém pode saber;
    - seus sentimentos, pensamentos ou ideias.

119

- Para não se esquecer de quando viveu o momento relatado, você deverá anotar, no início da página do diário, a data (dia, mês e ano).
- Se desejar, pode escrever como está o tempo: ensolarado, chuvoso, frio, calor etc. Pode indicar também o horário em que está fazendo a anotação. Exemplo: 12:00 de domingo – dia chuvoso.
- Pense em uma expressão inicial para falar com o seu diário: "Meu querido diário"; "Meu diário"; "Amigo diário" etc.

Para auxiliar na produção do seu relato, use o quadro a seguir para fazer um esboço do que vai escrever.

DATA EM QUE ESTÁ ESCREVENDO	
SAUDAÇÃO INICIAL	
ASSUNTO(S) QUE ESCREVERÁ NA PÁGINA DO DIÁRIO	
DESPEDIDA	
ASSINATURA (OPCIONAL)	

PRODUZINDO A PÁGINA DE DIÁRIO

Agora, produza sua página de diário, nas páginas **122** e **123**. Escreva o texto com base no esboço que você fez.

- Lembre-se de que vai escrever sobre você mesmo, então escreva na primeira pessoa do singular.
- Utilize os verbos no tempo adequado: se você for escrever algo que já aconteceu, use o verbo no passado; se for escrever algo que está acontecendo, use o verbo no presente.
- Use uma linguagem mais descontraída, com gírias e diminutivos.
- Escreva a expressão de saudação e uma despedida para o seu diário: "Até mais!"; "Beijos"; "Até a próxima!". Se desejar, coloque a sua assinatura (nome ou apelido).
- Se achar interessante, ilustre sua página de diário ou cole adesivos ou recortes que o façam se lembrar desse dia especial.

AVALIANDO O DIÁRIO

Faça uma revisão para verificar se seguiu todas as orientações.

AVALIAÇÃO	SIM	NÃO
OS ASSUNTOS ESTÃO ORGANIZADOS EM ORDEM DE ACONTECIMENTO?		
O TEXTO ESTÁ ESCRITO NA PRIMEIRA PESSOA DO SINGULAR?		
A LINGUAGEM É DESCONTRAÍDA?		
OS VERBOS ESTÃO USADOS NO TEMPO VERBAL ADEQUADO?		
ESCREVEU A DATA, UMA SAUDAÇÃO E UMA DESPEDIDA?		

Avalie o que você pode melhorar nas próximas produções de diário, fazendo as anotações nas páginas do diário que você produziu.

VERSÃO FINAL

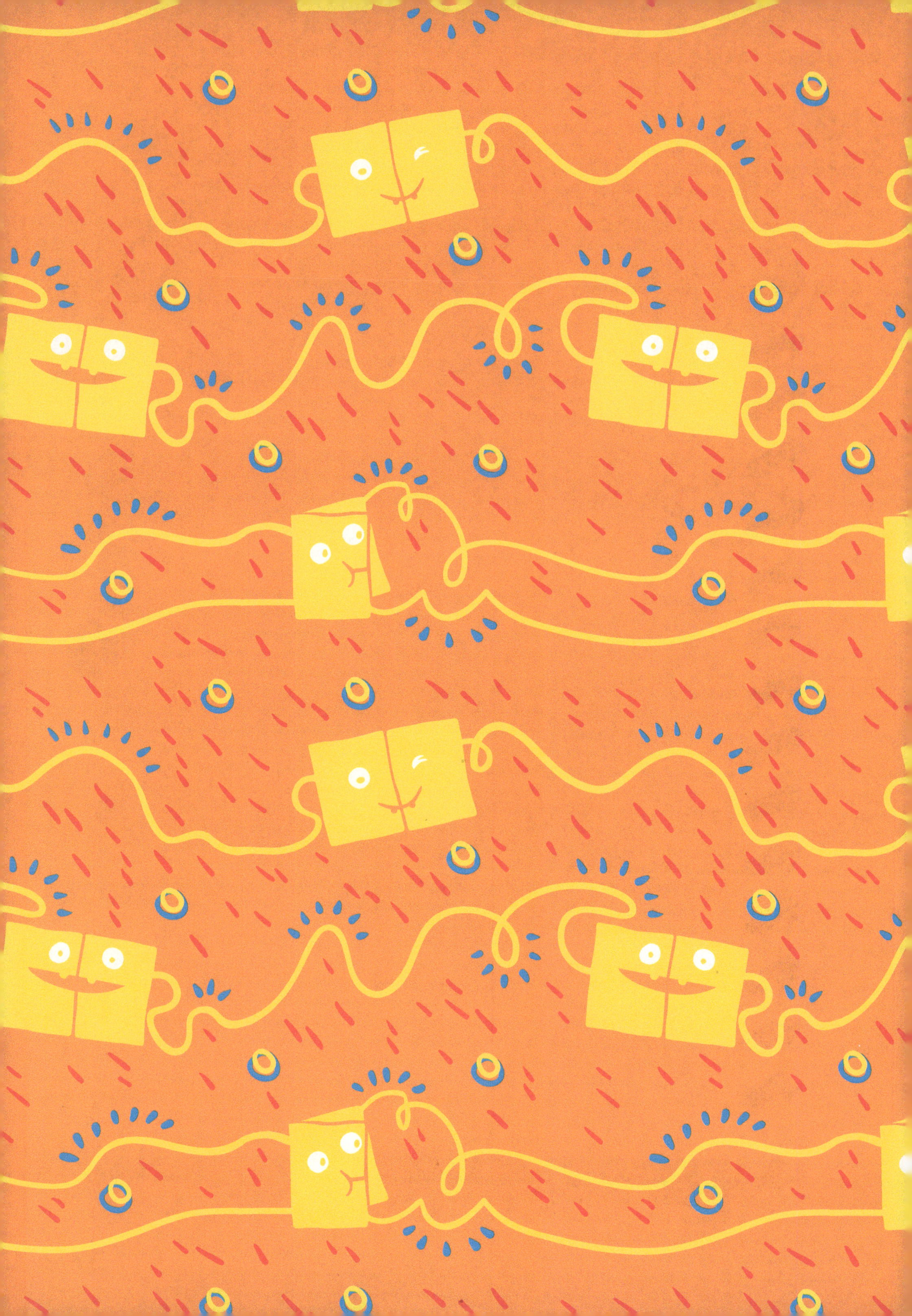

CAPÍTULO 8 — AVENTURAS EM ALTO-MAR

LENDO

A entrevista a seguir foi dada para um jornal infantojuvenil chamado **Joca**. Nela, três irmãs falam sobre as aventuras que viveram em viagens que fizeram. Que tipos de aventura você acha que elas podem ter vivido? Leia a entrevista para saber o que elas contam.

Irmãs Klink, uma vida de aventuras

Apesar da pouca idade, as três irmãs Laura, Tamara (gêmeas) e Marina (16 e 13 anos), filhas do navegador Amyr Klink e da fotógrafa Marina, realizaram 80 palestras nos últimos dois anos. Um público de até 500 pessoas em escolas, clubes e eventos já ouviu as histórias do trio, que relata experiências vividas em locais onde a natureza predomina, incluindo seis viagens para a Antártida.

JOCA: Os pais de vocês estão entre os maiores aventureiros do Brasil. Vocês sempre os acompanham nas viagens? Em quantas já foram? O que fazem nessas viagens?

Irmãs Klink: Viajamos com nossos pais regularmente. Meu pai é o comandante do barco, e minha mãe, fotógrafa, ajuda nas tarefas e vai registrando as nossas viagens.

JOCA: Com quantos anos aprenderam a velejar?

Irmãs Klink: Aprendemos a velejar sozinhas em 2007 (a Tamara e a Laura tinham 10 anos, e eu, Marininha, 7 anos).

125

JOCA: Vocês já escreveram um livro. Sobre o que é? Pretendem escrever outros?

Irmãs Klink: Gostamos de viajar com nossos pais, e nossa mãe nos incentiva a manter diários das viagens, o que nos ajuda a lembrar do que fizemos, nossas descobertas. Quando fomos convidadas a escrever o livro **Férias na Antártica** [...] os registros estavam lá, era só organizar e fazer um texto com começo, meio e fim. As fotos são da nossa mãe. O livro foi adotado por 40 escolas de referência em São Paulo e, em menos de dois anos, foram vendidos 15 mil exemplares.

JOCA: Qual o lugar mais bacana em que já passaram as férias?

Irmãs Klink: Antártida e, se possível, passaremos sempre lá.

JOCA: Que lugar gostariam de conhecer?

Irmãs Klink: O Ártico. Seria muito bom ir até o Ártico para conhecer a vida próxima ao outro polo da Terra.

[...]

JOCA: Nas viagens que fizeram, viram de perto a modificação da natureza por conta do aquecimento global ou da poluição?

Irmãs Klink: Sobre o lixo na natureza, é sempre triste quando vemos massas de plásticos ou objetos descartados pelos seres humanos em lugares remotos.

[...]

JOCA: O que acham importante transmitir para as crianças nas palestras que dão?

Irmãs Klink: O que mais gostamos é de ver que vários alunos compreendem a importância do respeito com a natureza. Mostramos que a natureza é linda, rica e frágil, e que a sua preservação depende das nossas atitudes. Mesmo quando moramos em uma grande cidade, a vida em lugares remotos está muito ligada com a nossa. Todos vivemos em um mesmo barco chamado Terra.

Irmãs Klink, uma vida de aventuras. **Joca**, São Paulo, Magia de Ler, 5 jul. 2015. Entrevistas. Disponível em: <http://jornaljoca.com.br/portal/irmas-klink-uma-vida-de-aventuras/>. Acesso em: 5 jun. 2017.

O JORNAL JOCA

É o primeiro jornal elaborado para crianças de 7 a 12 anos, criado pela Editora Magia de Ler. As matérias publicadas são escolhidas de modo a despertar a curiosidade e o raciocínio dos leitores. Esse jornal foi inspirado em publicações europeias e é vendido por assinatura e veiculado nas versões impressa e *on-line*, disponível no *site*: <http://ftd.li/vhvien> (acesso em: 8 ago. 2017).

COMPREENDENDO O TEXTO

1. Após ler a entrevista, sua opinião sobre o tipo de aventura que as meninas viveram estava correta? Comente.

2. O que você achou mais interessante nessa entrevista? Por quê? Converse com os colegas para saber a opinião deles.

3. Como as meninas contam as histórias das aventuras que elas já viveram?

4. No início do texto, é dito que as meninas já fizeram várias viagens para a Antártida. Você já tinha ouvido falar desse lugar?

5. O que as irmãs Klink relataram ter visto sobre a poluição dos lugares que visitaram?

_____

_____

_____

ATITUDE CIDADÃ

Todas as pessoas devem cuidar da Terra, pois as diversas partes do planeta estão interligadas. A poluição de lugares mais povoados afeta também os locais mais remotos.

ESTUDANDO A ENTREVISTA

1. A entrevista que você leu foi feita para:

   ○ apresentar as características da Antártida.

   ○ conhecer um pouco da história das irmãs e de suas viagens.

   ○ apresentar uma sugestão de viagem para crianças em férias.

2. A entrevista que você leu é formada por:

   ○ estrofes.　　　　　　　○ quadrinhos.

   ○ perguntas e respostas.

3. Releia este trecho da entrevista.

   > **JOCA:** Qual o lugar mais bacana em que já passaram as férias?
   >
   > **Irmãs Klink:** Antártida e, se possível, passaremos sempre lá.
   >
   > **JOCA:** Que lugar gostariam de conhecer?
   >
   > **Irmãs Klink:** O Ártico. Seria muito bom ir até o Ártico para conhecer a vida próxima ao outro polo da Terra.
   >
   > [...]

   A. Quem está fazendo as perguntas na entrevista? Quem está respondendo?

   _____

   _____

   B. Como os leitores identificam a fala das pessoas envolvidas na entrevista?

   _____

   _____

4. Escreva a primeira letra de cada desenho e descubra o nome dado à pessoa que responde às perguntas em uma entrevista.

5. Organize as letras e descubra o nome dado à pessoa que faz as perguntas em uma entrevista.

R O A S V E T E
D T I R N

6. Como vimos, uma entrevista é formada por perguntas e respostas. Leia duas respostas de uma entrevista feita por crianças do 5º ano de uma escola de São Paulo com o escritor de livros infantis Ilan Brenman.

Quais perguntas podem ter sido feitas e que tiveram essas respostas? Escreva-as nos espaços indicados.

Uma das perguntas trata da profissão exercida e a outra, sobre a leitura na infância do escritor.

O meu preferido foi o **Zero Zero Alpiste**, de Mirna Pinsky. Lia também livros de Ruth Rocha, Ana Maria Machado, Eliardo e Mary França, entre outros.

Sim, trabalhei muitos anos com educação.

O contador de histórias. **Joca**, São Paulo, Magia de Ler, n. 42, p. 12, jun. 2014.

7. Onde a entrevista com as irmãs Klink foi publicada?

_____

8. Uma entrevista pode ser realizada de diferentes maneiras. Observe a cena a seguir.

A. Com base nessa imagem, complete a frase abaixo.

Antes de ser impressa, uma entrevista pode ser feita _____.

B. Agora, leia a introdução de outra entrevista. Identifique e sublinhe a maneira como ela foi realizada.

> A "conversa" foi por *e-mail*. Depois de várias tentativas, Adélia Prado, quando soube tratar-se de uma Olimpíada de Língua Portuguesa voltada a professores e estudantes de escolas públicas, aceitou responder às nossas perguntas: "Esta entrevista me anima. Há muita gente boa preocupada em melhorar a qualidade da vida e do ensino de nossas crianças. Longa vida aos que levam a sério a tarefa de fazer do nosso país uma nação". Mas o assunto principal foi mesmo o ofício de poeta e o ato de escrever: [...].
>
> Luiz Henrique Gurgel. Entrevista: Adélia Prado. **Escrevendo o futuro**, São Paulo, 20 dez. 2010. Disponível em: <www.escrevendoofuturo.org.br/conteudo/biblioteca/nossas-publicacoes/revista/entrevistas/artigo/1883/entrevista-adelia-prado>. Acesso em: 10 jul. 2017.

9. Observe novamente a fotografia da página anterior.

   A. Onde podemos assistir a cenas de entrevista como essa?

   _____

   B. Além desses veículos de comunicação e do jornal impresso, onde mais é possível ter acesso a entrevistas?

   _____

10. Nas entrevistas, antes das perguntas e respostas, é comum ter uma introdução. Releia o texto da atividade B da página anterior e os trechos a seguir.

    I
    > Apesar da pouca idade, as três irmãs Laura, Tamara (gêmeas) e Marina (16 e 13 anos), filhas do navegador Amyr Klink e da fotógrafa Marina, realizaram 80 palestras nos últimos dois anos. Um público de até 500 pessoas em escolas, clubes e eventos já ouviu as histórias do trio, que relata experiências vividas em locais onde a natureza predomina, incluindo seis viagens para a Antártida.

    II
    > Esse mineiro que vive em Guaxupé, [Elias José] é um importante nome da literatura brasileira e tem uma obra vastíssima. Ao todo, são mais de cem livros publicados [...]. Sua escola? Uma vida simples, vivida na fazenda, repleta de histórias de avó, cantigas folclóricas aprendidas na escola e intimidade conquistada com os animais e a natureza.
    >
    > Mariana Vidigal. Elias José: o segredo do escritor é uma vida simples, vivida na fazenda. **Crescer**, São Paulo, Globo, 11 mar. 2013. Disponível em: <http://revistacrescer.globo.com/Livros-pra-uma-Cuca-Bacana/Entrevistas/noticia/2013/03/elias-jose-o-segredo-do-escritor-e-uma-vida-simples-vivida-na-fazenda.html>. Acesso em: 10 jul. 2017.

    A. Para que servem esses textos de introdução nas entrevistas?

    _____

    _____

131

B. Agora, você vai escrever a introdução de uma entrevista com um jogador de futebol que foi convocado para jogar na Seleção Brasileira. Veja, no quadro a seguir, as informações que deverão constar no seu texto.

ASSUNTO DA ENTREVISTA	CONVOCAÇÃO PARA JOGAR NA SELEÇÃO BRASILEIRA DE FUTEBOL.
NOME E APELIDO DO ENTREVISTADO	CARLOS ROBERTO CARLÃO
EM QUE TIME JOGA ATUALMENTE	NO PANAMERICANO DE INTERLAGOS.
O QUE MOTIVOU A SUA CONVOCAÇÃO	DESTACOU-SE COMO ARTILHEIRO NOS TRÊS ÚLTIMOS CAMPEONATOS NACIONAIS.
PARA QUEM DARÁ A ENTREVISTA	JORNAL BOLA QUE ROLA.

_____
_____
_____
_____
_____
_____

C. Qual das perguntas abaixo poderia ser feita a esse entrevistado? Assinale.

◯ Você poderia explicar como descobriu que o remédio causava náuseas ao ser ingerido em jejum?

◯ Em qual filme você mais gostou de atuar?

◯ Qual é a sua expectativa para o jogo de estreia da Copa do Mundo?

132

D. Escreva uma pergunta que você faria ao jogador Carlão se fosse entrevistá-lo.

_____

_____

11. Agora, crie duas perguntas que você faria a um artista que admira.

_____

_____

_____

_____

12. A seguir, são apresentados alguns motivos que levam uma pessoa a ser entrevistada. Identifique e assinale qual deles motivou a entrevista com as irmãs Klink.

◯ Porque são muito famosas e o público, em geral, gosta de saber da vida pessoal de famosos.

◯ Porque são especialistas em determinado assunto.

◯ Porque contam algo importante sobre o que estão vivendo.

13. Imagine que um jornal de circulação nacional queira divulgar por meio de uma entrevista informações sobre a descoberta da cura de uma doença grave. Para obter essas informações, qual profissional deveria ser entrevistada? Assinale com um X a alternativa correta.

◯ ENGENHEIRA ◯ POLICIAL ◯ MÉDICA

133

PRODUÇÃO ESCREVENDO UM ROTEIRO DE ENTREVISTA

Você estudou o que é uma entrevista e quais são as suas características. Estudou também que o entrevistado e o assunto abordado devem ser relevantes para o público-alvo.

Chegou a sua vez de criar um roteiro para realizar uma entrevista. Para isso, convide uma pessoa de seu convívio (avô, avó ou tios), que tenha mais de 50 anos, para entrevistar sobre como eram os brinquedos e as brincadeiras quando ela tinha a sua idade.

O QUE VOU ESCREVER?
UM ROTEIRO DE ENTREVISTA.

QUEM VOU ENTREVISTAR?
UM FAMILIAR QUE TENHA MAIS DE 50 ANOS.

ONDE A ENTREVISTA SERÁ VEICULADA?
SERÁ APRESENTADA PARA OS COLEGAS DA SALA.

PLANEJANDO

Planeje sua produção com base nas orientações a seguir.

- Primeiro, escolha a pessoa que você vai entrevistar. Ao convidá-la, é importante esclarecer o motivo e o assunto da entrevista, e também comentar que a produção será apresentada aos colegas na sala de aula.
- Pense nas perguntas que fará ao entrevistado. Elas devem ser relacionadas ao assunto brinquedos e brincadeiras da época em que ele era criança.

PRODUZINDO O ROTEIRO DE ENTREVISTA

Veja, a seguir, algumas orientações que o ajudarão a produzir o seu roteiro.

- Escreva a primeira versão do roteiro da entrevista nas páginas de rascunho **137** e **138**.
- Faça um cabeçalho, como o sugerido a seguir.

ENTREVISTA

DATA: _____/_____/_____

NOME DO(A) ENTREVISTADO(A): _____

IDADE: _____

TIPO DE RELACIONAMENTO/GRAU DE PARENTESCO: _____

- Escreva as perguntas, curtas e diretas, que considerar mais interessantes e organize o roteiro para a entrevista.

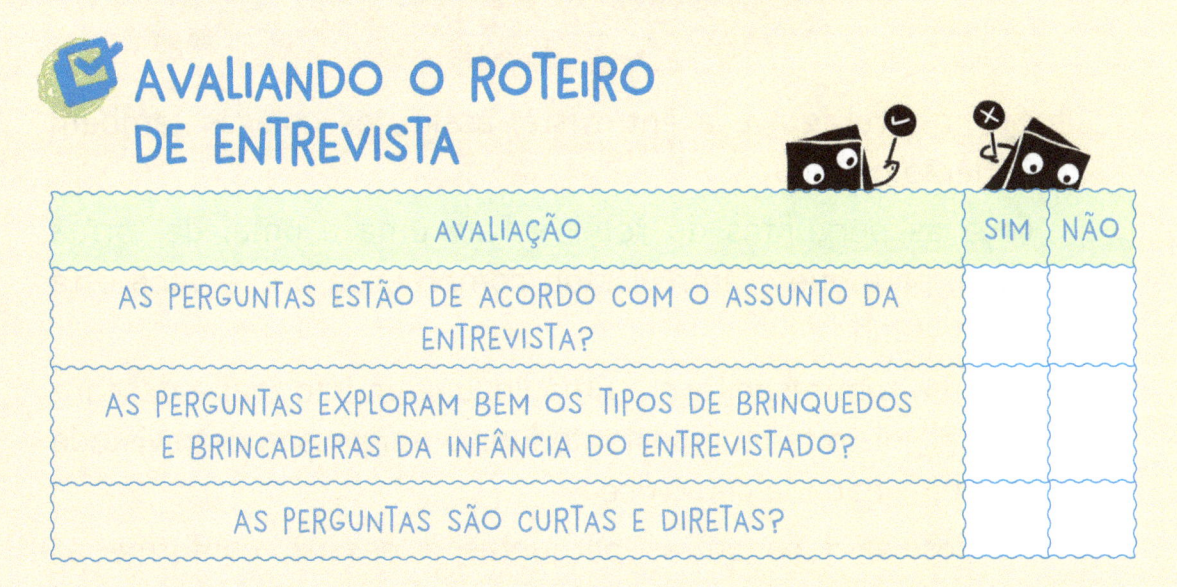

AVALIANDO O ROTEIRO DE ENTREVISTA

AVALIAÇÃO	SIM	NÃO
AS PERGUNTAS ESTÃO DE ACORDO COM O ASSUNTO DA ENTREVISTA?		
AS PERGUNTAS EXPLORAM BEM OS TIPOS DE BRINQUEDOS E BRINCADEIRAS DA INFÂNCIA DO ENTREVISTADO?		
AS PERGUNTAS SÃO CURTAS E DIRETAS?		

Corrija o que for necessário. Passe o roteiro a limpo na página da versão final, deixando espaço entre uma questão e outra. Agora, pode usar seu roteiro para entrevistar a pessoa escolhida.

REALIZANDO A ENTREVISTA

Chegou o momento de realizar a sua entrevista. Para isso, veja algumas orientações.

- Marque um dia para falar com a pessoa a ser entrevistada.
- No dia marcado, inicie a entrevista preenchendo o cabeçalho do seu roteiro.

Procure não interromper a pessoa quando ela estiver falando.

- Se possível, grave a entrevista, assim, os colegas também poderão ouvi-la.
- Faça as perguntas do roteiro. Fale uma a uma, de forma clara, para que o entrevistado compreenda o que você está perguntando.
- Use um tom respeitoso e uma linguagem informal e descontraída, pois o tema é bastante lúdico e a pessoa entrevistada tem proximidade com você.
- Se desejar, faça outras perguntas à pessoa, conforme as respostas dela.

Terminada a entrevista, agradeça e se despeça cordialmente.

Em sala de aula combinem com o professor como será a exposição.

RASCUNHO

VERSÃO FINAL

1

MÃOS À OBRA!

ENTREVISTA COLETIVA

Agora, você e seus colegas vão organizar uma entrevista coletiva com uma pessoa a ser escolhida pela turma. O resultado será exposto no mural da biblioteca.

Esta atividade será desenvolvida em algumas etapas. Veja a seguir as instruções.

1ª ETAPA

DEFINIÇÃO DO TEMA DA ENTREVISTA

- Sob a orientação do professor, você e seus colegas de turma vão escolher um tema sobre o qual a entrevista será realizada.
- Em dupla, conversem por alguns instantes sobre determinados temas que acham interessantes e sobre os quais gostariam de obter mais informações. Vejam alguns exemplos.

RECICLAGEM

BULLYING

ALIMENTAÇÃO SAUDÁVEL

PROFISSÕES DIFERENTES

REDES SOCIAIS

LIVROS/ LEITURA

- Cada dupla deverá falar em voz alta uma sugestão de tema para o professor anotar na lousa.
- Depois, a turma fará uma votação para escolher um deles.

ESCOLHA DO ENTREVISTADO E CONVITE

- Definido o tema, a turma vai escolher a pessoa que será entrevistada. Pode ser um profissional que trabalhe numa área relacionada ao tema escolhido ou alguém que entenda do assunto.
- Em seguida, façam o convite a essa pessoa, o que poderá ser feito pessoalmente, por intermédio de outra pessoa ou por escrito (*e-mail*, por exemplo).
- O convite deve informar o assunto da entrevista. Sugiram data, horário e local de acordo com a disponibilidade da pessoa.

2ª ETAPA

ELABORANDO O ROTEIRO DE PERGUNTAS

- Com os colegas da turma, elaborem um roteiro de perguntas que vocês gostariam de fazer ao entrevistado.
Vejam algumas sugestões.

> A. O que fez você se dedicar a essa área?
> B. Você precisou estudar para se dedicar a esse assunto?
> C. Conte uma experiência relacionada a esse tema.

- Anotem as perguntas para não se esquecerem de nenhuma no momento da entrevista. Cada dupla poderá fazer até duas perguntas. Tomem cuidado para não haver repetições.

- Definam com o professor quais alunos farão as perguntas e a ordem delas.

3.ª ETAPA

DIA DA ENTREVISTA

- No dia marcado, não se atrasem, afinal, o convite partiu de vocês e o convidado não pode ficar esperando.
- Levem o roteiro com as perguntas e, é claro, uma caneta.
- Se possível, levem um gravador para registrarem a entrevista em áudio. Assim, vocês poderão usá-la para transcrever as respostas.
- Logo no início da conversa, perguntem ao entrevistado se ele autoriza a divulgação da entrevista.
- No momento da entrevista, leiam, uma a uma, as perguntas para o entrevistado. Se não puderem gravar, anotem as respostas abaixo de cada pergunta.
- Respeitem a vez de cada colega perguntar e ouçam atentamente as respostas do entrevistado.
- Utilizem um tom de voz adequado para que todos possam ouvir as perguntas, e não interrompam o entrevistado quando estiver falando.
- Se desejarem, façam outras perguntas, conforme as respostas que ele der.
- Lembrem-se de, ao final da entrevista, agradecer a participação do entrevistado.

4ª ETAPA

DIVULGANDO A ENTREVISTA

Finalizada a entrevista, você e seus colegas vão divulgá-la no mural da biblioteca, a fim de que toda a comunidade escolar conheça as informações dadas pela pessoa entrevistada.

- Para isso, sob a orientação do professor, a turma deverá registrar ou passar a limpo as anotações. Elejam um ou dois representantes da turma para transcrever a entrevista.
- Verifiquem a possibilidade de inserir uma foto do entrevistado para que o público o conheça melhor.
- Vocês também deverão criar um texto de introdução para a entrevista, informando quem é pessoa e o objetivo das perguntas.
- Criem um título para o mural e verifiquem a melhor forma de produzi-lo: com canetinhas, lápis de cor ou letras recortadas. Por exemplo, se a entrevista for com um escritor de livros, pode ser:

ENTREVISTANDO

BATE-PAPO COM UM CONTADOR DE HISTÓRIAS

5ª ETAPA

AVALIAÇÃO

Com o professor, conversem a respeito da entrevista coletiva e da participação da turma. Comentem sobre os seguintes aspectos:

- o que acharam da entrevista;
- se todos os membros dos grupos participaram das atividades;
- o que pode ser melhorado em uma próxima atividade semelhante a essa.